JN060060

ヤマ場を
おさえる

単元設計と
評価課題・評価問題

中学校 英語

全体編集
石井英真

教科編集
上村慎吾

図書文化

まえがき

　資質・能力ベースの新学習指導要領に沿って学習評価のあり方も新たに提起され，教育現場では，3観点による観点別学習状況の評価への対応が課題となっています。そして，「主体的に学習に取り組む態度」の評価をどうするかに注目が集まっています。しかし，今回の学習評価改革の焦点を主体性評価に見いだすのは改革の読み方として一面的で，その捉え方では評価をめぐるさまざまな困難が解決されず，むしろ行き詰まってしまうでしょう。観点別評価の本丸は「思考・判断・表現」の充実です。まずそこにフォーカスすることによって，困り感のある主体性評価についてもより妥当な運用の仕方が見えてきます。

　こうした考えの下，本シリーズは，中学校を対象に，国語，社会，数学，理科，英語について，国立教育政策研究所教育課程研究センター作成『「指導と評価の一体化」のための学習評価に関する参考資料』に基づき，単元ごとの評価プランを掲載するものです。そして，「生きて働く学力の形成」と「学校の働き方改革」を両立して充実させるために，どのように評価場面を精選（焦点化・重点化）し，どのような評価課題・評価問題を作成し活用するかを，単元（学習指導要領の「内容のまとまり」）ごとに具体的に提案するものです（国語と英語は言語領域ごとに収録）。

　本シリーズは，図書文化社が学習指導要領の改訂ごとに出版してきた『観点別学習状況の評価基準表』『観点別学習状況の評価規準と判定基準』『観点別評価実践事例集』『観点別評価問題集』の理念を引き継ぎ，新時代の観点別評価の参考資料をめざして企画しました。各巻では，「思考・判断・表現」を中心に，単元ごとに，執筆者が重要と考える学習場面（総括的評価の場面）を抜き出し，評価規準に対応する生徒の学習状況や作品例（B・Aの判定のポイント）を評価事例として掲載し，評価課題・評価問題の工夫とその効果的な位置づけ方を示しています。

　各巻の執筆者は，現在，そして次世代の教育実践を担う力量のある先生方です。またシリーズで大きな方向性を共有しつつ，各巻それぞれに，教科の特性のみならず，教科編集の先生方の問題意識や工夫も大事にしています。評価課題・評価問題の作成や単元設計の改善へのアプローチという視点で，ご自身の専門以外の教科も読まれると，新たな着想が得られると思います。本書が読者諸氏にとって評価の焦点化・重点化の参考資料として，単元という単位でシンプルかつ効果的な評価をデザインする思考法を学び，目の前の生徒たちに即して実践を創る手がかりとなるなら望外の喜びです。

2022年12月24日

石 井 英 真

目次

第1章 今求められる学力と学習評価のあり方

第2章 英語科の観点と評価の実際

第3章 聞くことの評価プラン

第4章 読むことの評価プラン

第5章 話すこと［やり取り］の評価プラン

第6章 話すこと［発表］の評価プラン

第7章 書くことの評価プラン

補章 著者座談会

五つの領域の評価プラン　三つの特徴

特徴 1　評価場面の絞り込みと関連付けによる，シンプルな観点別評価

○　本書は学習評価の改善が，①単元学習を生かした授業改善，②指導と評価の一体化の充実，③評価業務の負担軽減（教師の働き方改革）につながる工夫を解説します。評価場面を単元ごとに「ヤマ場の課題（単元の学習を総括する活動）」「ミニテスト」「定期テスト」に絞り３場面を関連付けながら，①～③の実現をめざします（図１）。

図１．各単元の構成イメージ（例：聞くこと「日常的な話題について必要な情報を聞き取ろう」）

【単元の学習課題】
テレビやラジオの放送等から，興味や関心のある事柄についての情報をどのように聞き取るか。

【見取り・励まし】	【見取り・励まし】【評価】	【評価】
単元の授業（第1～6時） 単元の学習課題をもとに，日常的な話題について，それぞれのコミュニケーションの「目的や場面，状況」を意識しながら，必要な情報を聞き取る活動に取り組む。	**評価1：ヤマ場の課題**（第7, 8時） 単元の学習を総括する活動を組み，おもに「思考・判断・表現」を形成的評価，「主体的に学習に取り組む態度」をミニ総括的評価として評価する。 ・やる気スイッチ度　★★★ ・評価の公平性・妥当性・信頼性　★	**評価2：ミニテスト**（第7, 8時） 単元の学習課題とパラレルなパフォーマンスを伴う課題を提示し，「定期テスト」に向けた生徒の力試しとして実施する。 ・やる気スイッチ度　★★ ・評価の公平性・妥当性・信頼性　★★ **評価3：定期テスト** 単元の学習課題をダウンサイズしたペーパーテストを実施し，「知識・技能」「思考・判断・表現」をミニ総括的評価として評価する。 ・やる気スイッチ度　★ ・評価の公平性・妥当性・信頼性　★★★

三つの場面

生徒のやる気ステップ

聞き取れない単語がいくつかあるけど，面白くてためになりそうだし，やってみようかな……

会話の単語や文法がわからなくても「こんなことを言っているのかも？」と思えるようになってきた。興味をもって聞くようにすると，よりわかるな。

テストはうまくできそうだし，英語の放送を聞き取るポイントがわかったよ。機会があれば，海外のニュースを字幕無しで見ることにも挑戦してみたい！

| 入口の情意
（興味，関心，意欲など） | 出口の情意
（知的態度，思考習慣，市民としての倫理・価値観など） |

○　単元は学習指導要領の「内容のまとまり」をもとに五つの領域ごとに構想し,「単元の学習課題」を軸にした具体的な構成・展開を例示しました。

特徴2　学習評価のひと工夫で,人格の完成につながる学力の育成を保障する

○　本書で提案する学習評価(指導と評価の一体化)の実践モデルは,生徒による主体的な自己成長を支え,人格の完成につながる学力の育成を保障するために,さまざまな学校や先生方の叩き台として実行可能性の高いものをめざしました。

○　本書では評価課題・評価問題を二つの側面から捉えそれぞれ,①おもに生徒の学習意欲を高める機能である「やる気スイッチ」,②おもに生徒の学習の実現状況を保証する機能である「学習評価の公平性・妥当性・信頼性」としました。2軸は基本的にトレードオフであると捉え,その相対的な強さを★1〜3個で示しました(図2)。単元を通じて①と②が補完する,三つの評価場面(ヤマ場の課題・ミニテスト・定期テスト)の組み合わせによる実践モデルを例示しました(第3〜7章参照)。

図2.2軸の相対的な強さ

特徴3　評価事例(B基準)に対する「A評価」「判断の根拠」等を例示

○　評価の観点は『児童生徒の学習評価及び指導要録の改善等について(通知)』(30文科初第1845号,平成31年3月29日)に準じました。3観点の略記は以下としました。

知識・技能 → 知　※ただし「知識」と「技能」を区別する場合は略記は用いず。
思考・判断・表現 → 思
主体的に学習に取り組む態度 → 主

○　単元の評価規準は,国立教育政策研究所教育課程研究センター『「指導と評価の一体化」のための学習評価に関する参考資料』をもとにしました。

○　第3〜7章の評価事例はB評価だけでなく,A評価も示しました。「どこを見て,どう判断したか」の解説にあたる「評価基準(評価内容／カッティングポイント)」「評価の実施例(B／A評価)」も示しました。

本書の用語表記について（凡例）

答　申

>> 幼稚園，小学校，中学校，高等学校及び特別支援学校の学習指導要領等の改善及び必要な方策等について（答申）（中教審第197号）（平成28年12月21日，中央教育審議会）

http://www.mext.go.jp/b_menu/shingi/chukyo/chukyo0/toushin/1380731.htm

報　告

>> 児童生徒の学習評価の在り方について（報告）（平成31年1月21日，中央教育審議会初等中等教育分科会教育課程部会）

http://www.mext.go.jp/b_menu/shingi/chukyo/chukyo3/004/gaiyou/1412933.htm

通　知

>> 小学校，中学校，高等学校及び特別支援学校等における児童生徒の学習評価及び指導要録の改善等について（通知）（30文科初第1845号）（平成31年3月29日，文部科学省初等中等教育局）

http://www.mext.go.jp/b_menu/hakusho/nc/1415169.htm

新学習指導要領

>> 平成29・30・31年改訂学習指導要領（本文，解説）

http://www.mext.go.jp/a_menu/shotou/new-cs/1384661.htm

参考資料

>> 「指導と評価の一体化」のための学習評価に関する参考資料（国立教育政策研究所教育課程研究センター）

https://www.nier.go.jp/kaihatsu/shidousiryou.html

第1章

今求められる学力と
学習評価のあり方

- 新しい学習指導要領がめざす学力と評価改善

- 新3観点で何を測り，育てるのか

- 単元設計と評価課題・評価問題の一体的な改善へ

1 新しい学習指導要領がめざす学力と評価改善

観点別評価の本丸は「思考・判断・表現」の充実

　観点別評価の本丸は「主体的に学習に取り組む態度」ではなく，「思考・判断・表現」です。主体性の育成は重要ですが，それは「思考・判断・表現」を試すような課題への取り組みにおいて自ずと育まれ表出されるものでしょう。近年，自分で内容をかみ砕いたり関連づけたりすることなく，すぐにやり方を求める傾向が生徒たちのなかで強まっていないでしょうか。授業中静かに座ってはいるが「この時間で何を学んだのか」と聞かれても答えられず，授業を受けているだけで内容が積みあがっていかない。そうした学び取る力の弱さゆえに，余計に学びの基盤となる主体性の指導に向かいたくなるのかもしれません。しかし「応用の前に基礎を定着させないと」「基礎も学ぼうとしないから主体性を育てないと」といった具合に，土台へ土台へと降りていくのは逆効果です。

　例えばバスケットボールでも，ドリブルやシュートなどの基礎練習だけでは練習の意味がわからず技能の向上は見込めないもので，折に触れて試合形式を経験するからこそモチベーションが上がり，技能の向上や定着も促されるものでしょう。新学習指導要領では実社会の問題を解決していけるような，生きて働く学力の育成が強調されています。その趣旨を生かして単元や授業を一工夫し，知識をつなげて考えたり使いこなしたりする「思考」を促すような，テスト問題や議論やレポートや作品制作や実演などの「試合」的な経験（タスク）を程よく組織することでこそ，生徒たちに「学びがい」が生まれて知識が関連づけられたりして，「基礎」を引き上げていくことも期待できるでしょう。

　ただし「思考・判断・表現」の指導と評価を充実させていく際に，授業中の発言やノートの記述やグループワークの様子など，学習活動のプロセスを丁寧に記録に残していくことは「評価疲れ」を招くおそれがありますし，「評価（点検）のための授業」のようになって授業の柔軟性を奪い，学びのプロセスを大事にしているつもりが逆に窮屈なものにしてしまうおそれがあります。これに対して本書は「思考・判断・表現」を試すタスク，あるいは評価問題の充実を核とする観点別評価のあり方を提起することで，評価業務の煩雑さを軽減し，単元という単位での授業改善につなげていく道筋を示していきたいと思います。

生徒に「使える」レベルの学力を育てる

　新学習指導要領でめざされている学力像を捉え評価方法へと具体化していくうえで，学力の3層構造を念頭において考えてみるとよいでしょう（**図1**）。個別の知識・技能の習得状況を問う「知っている・できる」レベル（例：三権分立の三権を答えられる）は，穴埋め問題や選択式の問題など客観テストで評価できます。しかし，概念の意味理解を問う「わかる」レベル（例：三権分立が確立していない場合，どのような問題が生じるのかを説明できる）は知識同士のつながりとイメージが大事で，ある概念について例をあげて説明することを求めたり，頭の中の構造やイメージを絵やマインドマップに表現させてみたり，適用問題を解かせたりするような機会がないと判断できません。さらに，実生活・実社会の文脈における知識・技能の総合的な活用力を問う「使える」レベル（例：三権分立という観点からみたときに，自国や他国の状況を解釈し問題点などを指摘できる）は，実際にやらせてみないと評価できません。思考を伴う実践をさせてみてそれができる力（実力）を評価するのが，パフォーマンス評価です。

　ドリブルやシュートの練習（ドリル）がうまいからといって，バスケットボールの試合（ゲーム）で上手にプレイできるとは限りません。ゲームで活躍できるかどうかは試合の流れ（本物の状況）のなかでチャンスをものにできるかどうかにかかっており，そうした感覚や能力は実際にゲームする中で可視化され，育てられていきます。ところが従来の学校では生徒たちはドリルばかりして，ゲーム（学校外や将来の生活で遭遇する本物の，あるいは本物のエッセンスを保持した活動）を知らずに学校を去ることになっていないでしょうか。このゲームに当たるものを学校で保障し，生きて働く学力を形成していこうというのが「真正の学び（authentic learning）」の考え方です。資質・能力ベースをうたう新学習指導要領がめざすのは，「真正の学び」を通じて「使える」レベルの知識とスキルと情意を一体的に育成することなのです。

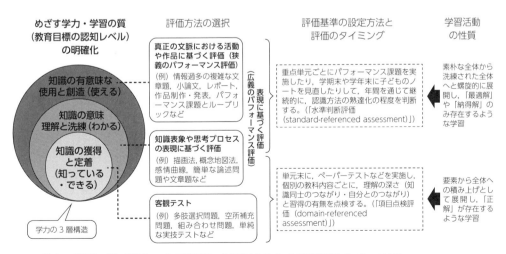

図1．学力・学習の質（学力の3層構造）と評価方法との対応関係（石井，2012）

「使える」レベルの学力をどう伸ばすか

　試合，コンペ，発表会など，現実世界の真正の活動には，その分野の実力を試すテスト以外の「学びの舞台」（見せ場（exhibition））が準備されています。そして，本番の試合や舞台のほうが練習よりも豊かでダイナミックであり，成長の節目にもなっています。しかし学校の学習は，しばしば豊かな授業（練習）と貧弱な評価（見せ場）という状況になっています。「思考・判断・表現」などの「見えにくい学力」の評価が授業中のプロセスの評価（観察）として遂行される一方で，単元末や学期末の総括的評価は「知識・技能」の習得状況を測るペーパーテストが中心です。既存の方法を問い直し「見えにくい学力」を新たに可視化する評価方法（学びの舞台）の工夫が，十分に行われているとはいえません。めざす学力の幅が広がり，ものさし（評価基準表）がつくられるものの，そのものさしを当てる「見せ場」が準備されていない状況が，授業観察への依存と授業過程の証拠集めや点検作業に追われる状況を生み出してきました。

　日々の授業で粘り強く思考し表現する活動を繰り返すなかで思考力や知的態度を伸ばし切り，課題研究での論文作成・発表会や教科のパフォーマンス課題など，育った実力が節目で試され可視化されるような，テスト以外の「学びの舞台」を設定することが重要です。知識を総合して協働で取り組むような挑戦的な課題を単元末や学期末に設定し，その課題の遂行に向けて生徒たちの自己評価・相互評価を含む形成的評価を充実させて，生徒を伸ばしながらより豊かな質的エビデンスが残るようにしていくのです。

　生徒にとっての「見せ場」となる学びの舞台を軸に，一時間一時間という短いスパンだけではなく，単元レベルの学びのストーリーを意識しながら単元計画や授業を組み立てる。単元末や学期の節目の「使える」レベルの課題や単元を貫く問い（例：学校紹介のキャッチコピーを創る（国語），自分のことで I have a dream that ____. を書いて発表する（英語），「日本はどの国・地域と地域統合すればよいのだろうか」という問いを探究する（社会））を意識しつつ，日々の授業では概念を学び深める「わかる」授業を展開するわけです。最近の小・中学校の教科書の単元展開は学力の3層構造を意識したものになっており，「使える」レベルの課題を軸に単元単位でヤマ場をデザインする発想をもつことが重要です。

　その際，教師目線の「達成」からの逆算で目標に追い込むものというより，生徒目線の「舞台」からの逆算で学びの目的意識を育てていくことが肝要です。部活動の試合や行事等のように，生徒たち自身が「舞台」本番に向けて必要なものを考え準備し練習し，節目でもてるものを総合し使い切る経験を通して，学びは成長へとつながっていくのです。パフォーマンスの振り返り等から，さらなる問いや活動を生成し，授業を超えて主体的に探究を続けることも期待したいところです。

「使える」学力の育成と学校の働き方改革を共に実現するために

　テストの点数に表れない生徒の育ちを評価しようという思いは，日常的に細かく頻繁に評価材料を残そうとする「指導の評価化」に陥りがちです。そのような状況に陥らないためにも，総括的評価と形成的評価とを区別することが重要です。

　思考力・判断力・表現力を形成するために授業過程での生徒たちの活動やコミュニケーションを丁寧に見守り観察（評価）しなければならないのは確かですが，それは形成的評価として意識すべきものです。総括的評価の材料なら，生徒一人一人について確かな根拠を残しながら客観的に評価することが求められますが，形成的評価なら指導の改善につながる程度のゆるさで，抽出でも直観でも大丈夫です。生徒を伸ばすためにはタイミングを逃さずに働きかけることが重要であって，学習状況の把握と記録を意識しすぎてタイミングを逃してはなりません。

　形成的評価と総括的評価を区別し，記録に残す評価・総括的評価のタイミングを焦点化・重点化することで，評価にかかわる負担を軽減することができます。単元計画の毎時間に3観点を細かく割りつける必要はありません。日々の授業は形成的評価を重視して記録に残すことにこだわらず生徒たちの力を伸ばすことに集中します。そのうえで例えば英語であれば単元末や学期の節目に，文法や読解などはペーパーテストで力を試す。他方，話す・聞くといったコミュニケーション能力等はリアルな場面を設定して実際にやらせてみないと確かめられないので，パフォーマンス課題（タスク）に取り組ませて，あるいは学んだことを生かして生徒たちが活発にやり取りを展開したりする「キモ（肝）の一時間」で，意識的に学びの足跡や思考の表現を残すよう生徒に促して，総括的評価を行うという具合です。

　総括的評価のタイミングを焦点化・重点化することは，目標を焦点化・重点化することを意味します。特に「思考・判断・表現」や「主体的に学習に取り組む態度」といったつかみどころのないものは，評価場面を焦点化・重点化し決め打ちすることに不安もあるでしょう。しかし評価の頻度や細かさが評価の妥当性や信頼性を高めるとは限らず，むしろ「これができたら一人前」という評価課題の質こそが重要であり，その教科や単元の中核的な目標を見極めることが必要です。そもそも「この内容を習得させたい」「こういう力を育てたい」といった「ねらい」や「ねがい」をもって生徒たちに働きかけたならば，それが達せられたかどうかという点に自ずと意識が向くものでしょう。「指導と評価を一体化させなくてはならない」と肩に力を入れなくても評価的思考は日々の教育の営みに内在していて，目標を明確にもっていれば自ずと評価は付いてきているものです。日々の授業で「目標と評価の一体化」を意識して出口の生徒の姿で目標を具体的にイメージしておくことで，単元計画で毎時間に観点を割りつけていなくても机間指導等において捉えたいポイントは焦点化・重点化され，授業過程での形成的評価も自ずと促されるでしょう。

2 新3観点で何を測り，育てるのか

旧4観点と新3観点がターゲットとする学力の違い

　新3観点による評価のあり方について，「知識・技能」は事実的で断片的な知識の暗記・再生だけでなく概念理解を重視すること，「主体的に学習に取り組む態度」は授業態度ではなくメタ認知的な自己調整として捉え直し，「知識・技能」や「思考・判断・表現」と切り離さずに評価することなどが強調されています。すべての観点において「思考・判断・表現」的な側面が強まったようですが，従来の4観点との違いをみてみましょう。

　旧4観点の評価では，「知識・理解」「技能」は断片的知識（「知っている・できる」レベル）を穴埋めや選択式などの客観テストで問い，「思考・判断・表現」はおもに概念の意味理解（「わかる」レベル）を適用問題や短めの記述式の問題で問うようなテストが作成される一方で，「関心・意欲・態度」はテスト以外の材料をもとに生徒たちのやる気やまじめさをみるような評価がされていたように思われます（**図2**）。

　いっぽう新3観点の評価は，「知識・技能」は理解を伴って中心概念を習得することを重視して，「知っている・できる」レベルのみならず「わかる」レベルも含むようテスト問題を工夫することが求められます。「思考・判断・表現」は「わかる」レベルの思考を問う問題に加え，全国学力・学習状況調査の「活用」問題のように「使える」レベルの思考を意識した記述式問題を盛り込んでいくこと，また，問いと答えの間が長くて，思考力を試すだけでなく，試行錯誤や知的な工夫としての「主体的に学習に取り組む態度」もあわせて評価できるような，テスト以外の課題を工夫することが求められます（**図3**）。

「知識・技能」の評価と育成のポイント

　「知識・技能」の評価は，「ペーパーテストにおいて，事実的な知識の習得を問う問題と，知識の概念的な理解を問う問題とのバランスに配慮するなどの工夫改善を図るとともに，例えば，児童生徒が文章による説明をしたり，各教科等の内容の特質に応じて，観察・実験をしたり，式やグラフで表現したりするなど実際に知識や技能を用いる場面を設けるなど，多様な方法を適切に取り入れていくことが考えられる」（『報告』，8頁）とされています。「知識・技能」というと年号や単語などの暗記・再生（「知っている・できる」レベルの学力）を思い浮かべがちですが，ここで示されているのは「概念」の意味理解（「わかる」レベルの学力）の重視です。日々の「わかる」授業により理解を伴った豊かな習得

従来の４観点はどのように評価されてきたか

能力・学習活動の階層レベル（カリキュラムの構造）		資質・能力の要素（目標の柱）			
		知識	スキル		情意（関心・意欲・態度・人格特性）
			認知的スキル	社会的スキル	
教科等の枠付けの中での学習	知識の獲得と定着（知っている・できる）	事実的知識，技能（個別的スキル）　**知識・理解　技能**	記憶と再生，機械的実行と自動化	学び合い，知識の共同構築	達成による自己効力感
	知識の意味理解と洗練（わかる）	概念的知識，方略（複合的プロセス）	解釈，関連付け，構造化，比較・分類，帰納的・演繹的推論		内容の価値に即した内発的動機，教科への関心・意欲　**関心・意欲・態度**
	知識の有意味な使用と創造（使える）	**思考・判断・表現**　見方・考え方（原理と一般化，方法論）を軸とした領域固有の知識の複合体	知的問題解決，意思決定，仮説的推論を含む証明・実験・調査，知やモノの創発（批判的思考や創造的思考が深く関わる）	プロジェクトベースの対話（コミュニケーション）と協働	活動の社会的レリバンスに即した内発的動機，教科観・教科学習観（知的性向・態度）

※「関心・意欲・態度」が表からはみ出しているのは，本来学力評価の範囲外にある，授業態度などの「入口の情意」を評価対象にしていることを表すためである。

図2. 従来の４観点による観点別評価の実践傾向（石井，2019）

新しい３観点はどのように評価していくか

能力・学習活動の階層レベル（カリキュラムの構造）		資質・能力の要素（目標の柱）			
		知識	スキル		情意（関心・意欲・態度・人格特性）
			認知的スキル	社会的スキル	
教科等の枠付けの中での学習	知識の獲得と定着（知っている・できる）	事実的知識，技能（個別的スキル）	記憶と再生，機械的実行と自動化	学び合い，知識の共同構築	達成による自己効力感
	知識の意味理解と洗練（わかる）	**知識・技能**　概念的知識，方略（複合的プロセス）	解釈，関連付け，構造化，比較・分類，帰納的・演繹的推論		内容の価値に即した内発的動機，教科への関心・意欲
	知識の有意味な使用と創造（使える）	**思考・判断・表現**　見方・考え方（原理と一般化，方法論）を軸とした領域固有の知識の複合体	知的問題解決，意思決定，仮説的推論を含む証明・実験・調査，知やモノの創発（批判的思考や創造的思考が深く関わる）	**主体的に学習に取り組む態度**　プロジェクトベースの対話（コミュニケーション）と協働	活動の社会的レリバンスに即した内発的動機，教科観・教科学習観（知的性向・態度）

豊かなテスト

豊かなタスク

図3. 新しい３観点による観点別評価の方向性（石井，2019）

（有意味学習）を保障し，記憶に定着しかつ応用の利く知識にして，生きて働く学力を形成していくことが求められているのです。

「知っている・できる」レベルの評価は重要語句の穴埋め問題や選択問題などの客観テスト，および簡単な実技テストが有効です。これに対して「わかる」レベルの評価は学んだ内容を適用することで解ける適用問題はもちろん，豆電球が光る仕組みについて学習者のイメージや説明を自由に記述させたり（描画法），歴史上の出来事の因果関係やマインドマップを図示させてみたりして，学習者がどのように知識同士をつないでいて内容に対するどのようなイメージを構成しているのかを表現させてみること，あるいは数学の問題を作らせてみて計算の意味を生活と結びつけて捉えられているかどうかを問うことなどが有効です。「三権分立の定義を答えよ」でなく「もし三権分立が成立していなかったらどのような問題が起こりうるか」といった具合に，テストの問い方を工夫してみることも重要です。

「思考・判断・表現」の評価と育成のポイント

「思考・判断・表現」の評価は「ペーパーテストのみならず，論述やレポートの作成，発表，グループでの話合い，作品の制作や表現等の多様な活動を取り入れたり，それらを集めたポートフォリオを活用したりするなど評価方法を工夫することが考えられる」（『報告』，9頁）とされており，「パフォーマンス評価（Performance Assessment：PA）」の有効性が示されています。PAとは思考する必然性のある場面（文脈）で生み出される学習者の振る舞いや作品（パフォーマンス）を手がかりに，概念の意味理解や知識・技能の総合的な活用力を質的に評価する方法です。現実的で真実味のある場面を設定するなど，学習者の実力を試す評価課題（パフォーマンス課題）を設計し，それに対する活動のプロセスや成果物を評価するわけです。パフォーマンス課題の例としては，学校紹介VTRにBGMをつける音楽科の課題，電気自動車の設計図（電気回路）を考えて提案する理科の課題，地元で実際に活動している人たちとともに浜辺のごみを減らすためのアクションプランを考案して地域住民に提案する社会科の課題などがあります。文脈に応じて複数の知識・技能を総合する「使える」レベルの思考力を試すのがパフォーマンス課題です。

「真正の学び」につながる「使える」レベルの思考は基本的にはタスク（課題）でこそ評価しうるものですが，作問を工夫することで，ペーパーテストで思考過程のポイントを部分的に問うことはできます。たとえば，全国学力・学習状況調査の「活用」問題や，それと同じ傾向の各都道府県の高校入試の問題，あるいは大学入学共通テストの問題などには，そうした作問の工夫を見出すことができます。また大学の二次試験などの論述問題は，大学人目線でみた玄人な問いが投げかけられ，「学問する」力を試すものとなっていることがあります。単元で取り組んだパフォーマンス課題について，文脈を変えたりして評価問題を作成することも考えられるでしょう。

「主体的に学習に取り組む態度」の評価と育成のポイント

　「主体的に学習に取り組む態度」は「単に継続的な行動や積極的な発言等を行うなど，性格や行動面の傾向を評価するということではなく，（中略）知識及び技能を獲得したり，思考力，判断力，表現力等を身に付けたりするために，自らの学習状況を把握し，学習の進め方について試行錯誤するなど自らの学習を調整しながら，学ぼうとしているかどうかという意思的な側面を評価することが重要である」（『報告』，10頁）とされ，それは「①粘り強い取組を行おうとする側面」と「②粘り強い取組を行う中で，自らの学習を調整しようとする側面」という2つの側面で捉えられると説明されています。

　情意の中身を考える際は，学習を支える「入口の情意」（興味・関心・意欲など）と，学習を方向づける「出口の情意」（知的態度，思考の習慣，市民としての倫理・価値観など）とを区別してみるとよいでしょう。授業態度などの「入口の情意」は授業の前提条件として教材の工夫や教師の働きかけで喚起するものであり，授業の目標として掲げ意識的に評価するものというよりは，授業の進め方を調整する手がかりとなるものです。他方で，一言一言へのこだわり（国語），物事を多面的・多角的に捉えようとする態度（社会）や，条件を変えて考えてみたらどうなるかと発展的に問いを立てようとする態度（数学）など，教科の中身に即して形成される態度や行動の変容は「出口の情意」であり，知識や考える力と共に育っていく教科の目標として位置づけうるものです。

　『報告』からは，「主体的に学習に取り組む態度」は単に継続的なやる気（側面①）を認め励ますだけでなく，各教科の見方・考え方を働かせて，その教科として意味ある学びへの向かい方（側面②）ができているかどうかという，「出口の情意」を評価していく方向性がみて取れます。スポーツにしても勉強にしても，がんばりの量（粘り強く試行錯誤すること）だけでなく，がんばりの質（反省的に工夫すること）が重要というわけです。

　『報告』では「主体的に学習に取り組む態度」のみを取り出して評価することは適切でなく，「思考力・判断力・表現力」などと一体的に評価していく方針が示されています。問いと答えの間が長く試行錯誤のあるパフォーマンス課題（思考のみならず，粘り強く考える意欲や根拠に基づいて考えようとする知的態度なども自ずと要求される）を設計し，その過程と成果物を通して「思考・判断・表現」と「主体的に学習に取り組む態度」の両方を評価するわけです。例えば「俳句」の学習で句会を開き互いに味わい合うことを通して俳句を作り読み取る力を試すと共に，句を作るうえでこだわって試行錯誤や工夫したことを振り返りにまとめることで，主体性を合わせて評価することが考えられるでしょう。その時点でうまくできたり結果を残せたりした部分の評価と共に，そこに至る試行錯誤の過程でみせた粘り，あるいは筋（センス）のよさにその子の伸び代を見出し，評価するという具合です。スマートで結果につながりやすい学び方をする子だけでなく，結果にすぐにはつながらなくても，泥臭く誠実に熟考する子も含めて，教科として意味ある学びへの向かい方として，おもに加点的に評価していく方向性がよいでしょう。

3 単元設計と評価課題・評価問題の一体的な改善へ

学びの節目で「総合」問題に取り組む機会をつくる

　観点別評価は一時間単位ではなく，単元単位に注目しながら授業と学びをデザインすることを促すものです。教師主導で内容を順次網羅するのではなくここ一番で時間をかけて，教師の支援や見守りの下で，生徒主体で主体的に協働的に問いやテーマを掘り下げる，あるいは学んだことを総合して挑戦的な課題に取り組む。教師が教える舞台ではなく生徒が学ぶ舞台として授業を組み立て，わかるように教師から教えられるだけでなく，学び取ることや考え抜くことを生徒たち自身が経験できるようにしていくことが肝要です。

　これまでも教師たちは生徒たちの考える力を育ててきましたが，多くの場合，日本の教科学習は知識を問題解決的に発見的に学ばせる過程で，知識をつないだり構造化したりする「わかる」レベルの思考（比較・分類などの理解志向）を育てようとするものでした。これに対し「使える」レベルの思考は，現実的な問題解決・意思決定などの応用志向です。

　その違いに関しては，ブルームの目標分類学において問題解決が，「適用（application）」（特定の解法を適用すればうまく解決できる課題）と「総合（synthesis）」（論文を書いたり，企画書をまとめたりと，これを使えばうまくいくという明確な解法のない課題に対して，手持ちの知識・技能を総動員して取り組まねばらない課題）の2つのレベルに分けられていることが示唆的です。「わかる」授業を大切にする日本の学校で応用問題は「適用」問題が主流だったといえます。しかし「使える」レベルの学力を育てるには，折に触れて「総合」問題に取り組ませることが必要です。単元というスパンで学びをデザインし，単元末などに「使える」レベルの「総合」問題に取り組む機会を保障しつつ，毎時間の実践では「わかる」授業を展開するとよいでしょう（**表1**）。

「学びの舞台」を軸に「末広がり」の単元を構想する

　こうして，学力の3層構造を意識しながら「学びの舞台」づくりとして観点別評価を実施していくことは，単元の学びの組立てを「末広がり」にしていきます。これまで中学校では単元単位で学びを構想する視点は多少あるものの，多くの場合，単元や授業の導入部分で具体例的に生活場面が用いられても，そこからひとたび科学的概念への抽象化（わたり）がなされたら，後は抽象的な教科の世界の中だけで学習が進みがちで，元の生活場面に「もどる」（知識を生活に埋め戻す）ことはまれです。さらに，単元や授業の終末部分

表 1．学力の質的レベルに対応した各教科の課題例（石井，2020b）

	国語	社会	数学	理科	英語
「知っている・できる」レベルの課題	漢字を読み書きする。文章中の指示語の指す内容を答える。	歴史上の人名や出来事を答える。地形図を読み取る。	図形の名称を答える。計算問題を解く。	酸素，二酸化炭素などの化学記号を答える。計器の目盛りを読む。	単語を読み書きする。文法事項を覚える。定型的なやり取りをする。
「わかる」レベルの課題	論説文の段落同士の関係や主題を読み取る。物語文の登場人物の心情をテクストの記述から想像する。	扇状地に果樹園が多い理由を説明する。もし立法，行政，司法の三権が分立していなければ，どのような問題が起こるか予想する。	平行四辺形，台形，ひし形などの相互関係を図示する。三平方の定理の適用題を解き，その解き方を説明する。	燃えているろうそくを集気びんの中に入れると炎がどうなるか予想し，そこで起こっている変化を絵で説明する。	教科書の本文で書かれている内容を把握し訳す。設定された場面で，定型的な表現などを使って簡単な会話をする。
「使える」レベルの課題	特定の問題についての意見の異なる文章を読み比べ，それらをふまえながら自分の考えを論説文にまとめる。そして，それをグループで相互に検討し合う。	歴史上の出来事について，その経緯とさまざまな立場の声を紹介し，その意味を論評する歴史新聞を作成する。ハンバーガー店の店長になったつもりで，駅前のどこに出店すべきかを考えて，企画書にまとめる。	ある年の年末ジャンボ宝くじの当せん金と，1千万本当たりの当せん本数をもとに，この宝くじの当せん金の期待値を求める。教科書の問題の条件をいろいろと変えて発展的に問題をつくり，追究の過程と結果を数学新聞にまとめる。	クラスでバーベキューをするのに一斗缶をコンロにして火を起こそうとしているが，うまく燃え続けない。その理由を考えて，燃え続けるためにどうすればよいかを提案する。	まとまった英文を読んでポイントをつかみ，それに関する意見を英語で書いたり，クラスメートとディスカッションしたりする。外国映画の一幕をグループで分担して演じ，発表会を行う。

では，問題演習など機械的で無味乾燥な学習が展開されがちです（尻すぼみの構造）。

　これに対して，よりリアルで複合的な現実世界において科学的概念を総合する，「使える」レベルの学力を試す課題を単元や学期の節目に盛りこむことは，「末広がり」の構造へと単元構成を組み替えることを意味します。単元の最初のほうで単元を貫く問いや課題を共有することで，「見せ場」に向けた学びの必然性を単元レベルで生み出すこともできるでしょう。そして「もどり」の機会があることによって，概念として学ばれた科学的知識は，現実を読み解く眼鏡（ものの見方・考え方）として学び直されるのです。

「逆向き設計」論を生かしてゴールまでの道筋をデザインする

　ウィギンズ（Wiggins, G.）らの「逆向き設計（backward design）」論は「目標と評価の一体化」の一つのかたちであり，次のような順序でカリキュラムを設計していくことを主張します。①生徒に達成させたい望ましい結果（教育目標）を明確にする。②そうした結果が達成されたことを証明する証拠（評価課題・評価問題，評価規準・評価基準）を決める。③学習経験と指導の計画を立てる。

　いわば教師が実現したい中核的な目標を，生徒たちの学びの実力が試される見せ場とし

て具体化し，そのゴールの見せ場に向けてカリキュラムを設計するわけです。「逆向き設計」論は，細かい知識の大部分を忘れてしまった後も残ってほしいと教師が願う「永続的な理解（enduring understanding）」（例：目的に応じて，収集した資料を表，グラフに整理したり，代表値に注目したりすることで，資料全体の傾向を読み取ることができる）と，そこに導く「本質的な問い（essential question）」（例：「全体の傾向を表すにはどうすればよいか？」という単元の問い，さらに「資料の活用」領域で繰り返し問われる「不確実な事象や集団の傾向を捉えるにはどうすればよいか？」という包括的な問い）に焦点を合わせ，それを育み評価するパフォーマンス課題を軸に単元を設計することで少ない内容を深く探究し，結果として多くを学ぶこと（less is more）を実現しようとします。

核となる評価課題・評価問題で単元に背骨を通す

　単元のコアとなる評価課題・評価問題（学びの舞台）からゴール逆算的に設計する「末広がり」の単元は，**図4**のようなかたちで組み立てることができます。

　一つは，パーツ組立て型で，内容や技能の系統性が強い教科や単元になじみやすいものです。例えば，栄養学の知識を用いてバランスの取れた食事を計画する課題を中心とした単元において，「健康的な食事とは何か」という問いを設定する。生徒たちは，自分の家族の食事を分析してその栄養価を改善するための提案をしたりするパフォーマンス課題を遂行する際にその問いを繰り返し問う。こうして問いに対する自分なりの答え（深い理解）を洗練していくといった具合です。

　もう一つは繰り返し型です。説得力のある文章を書く単元において，単元の最初に生徒たちは，文章の導入部分を示した4つの事例に関して，どれが一番よいか，その理由は何かという点について議論する。こうして，よい導入文の条件を整理し，自分たちの作ったルーブリックを念頭に置きながら，説得力のある文章を書く練習に取り組んでいくといった具合です。

　パーツを組み立てて総合するにしても，まとまった単位の活動を拡張しつつ繰り返すにしても，①概念や技能を総合し構造化する表現（例：電流のイメージ図や江戸時代の3大改革のキーワードを構造化した概念マップなど，頭の中の知識の表現を，単元前後で書か

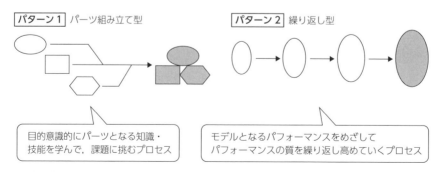

図4. 単元構成における，パフォーマンス課題の位置づけ（西岡，2008。ふき出しは引用者による）

せてその変容で伸びを実感する），あるいは，②主題や論点の探究（例：自分たちの住む
○○県のPR活動のプランニングをするために，地域調査を行ったり，それに必要な知識
や技能を習得したり，新たな小課題を設定したりして，現状認識や解決法を洗練してい
く）を，単元の背骨を形成する課題とするとよいでしょう。

授業づくりと単元づくりで「ヤマ場」を意識する

　授業は教材を媒介とした教師と生徒との相互作用の過程であって，始めから終わりまで
一様に推移するわけではありません。それゆえ授業過程で繰り広げられる教師と生徒の活
動内容には，時間的推移に沿って一定の区切り（「導入−展開−終末（まとめ）」といった
教授段階）を取り出すことができます。すぐれたドラマや演奏には感情のうねり，展開の
緩急，緊張と弛緩などの変化があり，それが人々の集中を生み出したり，心をゆさぶった
り，経験の内容や過程を記憶に焼きつけたりします。すぐれた授業にも同じ性質がみられ
ます。

　授業は教科書通り流すものや次々と脈絡なく課題をこなし流れるものではなく，ドラマ
のようにリズムや緩急やヤマ場があり，ストーリー性をもって局面が「展開」するものと
して捉えるべきです。ゆえに「展開」段階はまさに「展開」の名に値するものとしてデザ
インされねばなりません。展開の段階においては，授業の「ヤマ場（ピーク）」をつくれ
るかどうかがポイントになります。授業はいくつかの山（未知の問いや課題）を攻略して
いきながら教材の本質に迫っていく過程です。この山に対して教師と生徒たちが，それぞ
れに自分のもてる知識や能力を総動員し討論や意見交流を行いながら，緊張感を帯びた深
い追究を行えているかどうかが，授業のよしあしを決定する一つの目安となります。

　「授業において導入がいのち」というのは，「導入を盛り上げる」ということとは異なり
ます。盛り上がった先には盛り下がるのであって，導入ではむしろ生徒たちの追究心に静
かに火を付けること，学びのための知的な雰囲気と学びの姿勢を形成し，学びのスタート
地点に生徒たちを立たせることに心を砕くべきです。そしてヤマ場に向けて生徒たちの追
究心をじわじわ高め，思考を練り上げ，終末段階において，教えたい内容を生徒たちの心
にすとんと落とすといった具合に，1時間の授業の展開のストーリーを描く展開感覚が授
業づくりでは重要なのです。そうした授業レベルで意識されてきたヤマ場を軸にしたス
トーリー性を，「学びの舞台」を軸に単元レベルでも意識するとよいでしょう。

　「ヤマ場」は授業者の意図として「思考を深めたい」場所で，「見せ場」は生徒にとって
「思考（学習成果）が試される場所」（手応えを得られる機会）です。授業のヤマ場の豊か
な学びよりもテストという貧弱な見せ場に引きずられる状況を超えて，ヤマ場と見せ場を
関連づけることで「学びの舞台」が生徒たちにとって真に学びの目標となる「見せ場」に
なるよう学びのストーリーを組み立て，単元や授業のヤマ場を構想していくことが重要で
す。

学力の質や観点に応じて総括のタイミングを柔軟化する

　単元や年間を通して生徒を長期的に見守り育てていくうえで，年間の学力評価計画を立てておくことが有効です。その際，学力の質や観点に応じて，総括のタイミングを柔軟に運用することが肝要です。「知識・技能」は授業や単元ごとの指導内容に即した「習得目標」について，理解を伴って習得しているかどうか（到達・未到達）を評価する（項目点検評価としてのドメイン準拠評価）。いっぽう「思考・判断・表現」は長期的でスパイラルな育ちの水準をルーブリックのような段階的な記述（熟達目標）のかたちで明確化し，重要単元ごとに類似のパフォーマンス課題を課すなどして，学期や学年の節目でパフォーマンスの洗練度や成長を評価するわけです（水準判断評価としてのスタンダード準拠評価）。「知識・技能」は単元テストや定期テストで，「思考・判断・表現」や「主体的に学習に取り組む態度」は重点単元や学期の節目の課題でといった具合です（図5）。

　その際，単元を超えて繰り返す類似のパフォーマンス課題の設定や年間指導計画における位置づけがポイントとなるでしょう。単元で学んだ内容を振り返り総合的にまとめ直す「歴史新聞」を重点単元ごとに書かせることで，概念を構造化・体系化する思考の長期的な変化を評価する。さまざまな単元において実験レポートをまとめたり，時には自ら実験計画を立てたりすることを求めたりして，科学的探究力を育て評価する。あるいは，学期に数回程度，現実世界から数学的にモデル化する思考を伴う問題解決に取り組ませ，思考の発達を明確化した一般的ルーブリックを一貫して用いて評価することで，数学的モデル化や推論の力の発達を評価する。勝負の授業，単元末の課題，あるいは，中間，期末などの学期の節目といった，長い時間軸で成長を見守り，学びの舞台を設定して見せ場で伸ばすわけです。

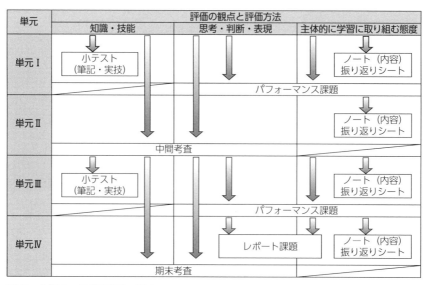

図5. 各観点の評価場面の設定（大阪府教育委員会『新学習指導要領の趣旨を踏まえた「観点別学習状況の評価」実施の手引き（令和3年1月）』，15頁）

第2章

英語科の観点と
評価の実際

1 英語科における評価計画のつくり方

英語の学習評価のシンプル化に向けた提案

　私たち教師は日常の授業が生徒にとって興味深いものになるようにして，そのなかで生徒が身に付けた力をわかりやすい基準と方法で評価することが大切である。

　新しい学習評価に変わってからの2年間，筆者は次のような課題を抱えてきた。

①授業や定期テストなどで課す評価課題・評価問題を，「知識・技能」「思考・判断・表現」「主体的に学習に取り組む態度」のどの観点でどう評価するか，あいまいなままになってしまっていたこと
②忠実に「3観点×5領域＝15項目」を評価しようとすればするほど，学習評価に膨大な時間を割かざるを得なくなり，日常の授業改善に手が回らなかったこと
③「主体的に学習に取り組む態度」の評価の公平性・妥当性・信頼性の高め方が手探りであったこと
④教科書の内容を終わらせるのがやっとで定期テストによる評価が主となり，パフォーマンスを伴う評価課題を実施する時間が取りづらかったこと　　　　など

　上記①～④の課題に対する提案を図6にまとめ，さらに具体的に説明していく。

3観点で評価する内容		5領域ごとのおもな評価方法				
観点	観点の区別	聞くこと	読むこと	話すこと[やり取り]	話すこと[発表]	書くこと
知識・技能	知識:言語材料を正確に理解する力 技能:言語材料を短文，短い対話・文章で正確に表現，理解する力	定期テスト	定期テスト	ミニテスト	ミニテスト	定期テスト
思考・判断・表現	コミュニケーションをよりよくするためのストラテジーを活用しながら，言語材料をまとまりのある文章や対話文で表現，理解する力					
主体的に学習に取り組む態度	①コミュニケーションをよりよくするためのストラテジーを身に付けようとする態度 ②英語学習をよりよくするための工夫をしようとする態度	①コミュニケーションのストラテジーを身に付けようとする過程の振り返り（パフォーマンスの動画，作品や振り返り記録など） ②英語学習の目標と振り返り，提出課題，学習規律に関するもの（プログレスカード，ワークシート，宿題など）				
個人内評価						
学びに向かう力，人間性等	学びへの意欲，レッスンテーマから学ぶ姿勢，人としての成長，汎用的能力など	プログレスカード（個人内評価と教師のフィードバック）				

図6．本書が提案する英語科の学習評価の基本構造

どのように評価のタイミングを絞り込むか

　評価をシンプルに，かつ教師と生徒にとって意味のあるものにするために，石井（2021）を参考に「評定」「評価」「見取り・励まし」を以下のように使い分けていきたい。

> 評定（総括的評価）……学期末や年度末に，保護者や教育機関などに対して生徒の成績を説明するために，生徒の成績を到達目標に合わせて値踏みして数値等で表すもの。
> 評価（ミニ総括的評価）……「評定」の材料を収集するために単元や授業のなかで評価課題・評価問題を設定し，生徒の到達度を測るもの。
> 見取り・励まし（形成的評価）……学習過程で見られる生徒の取り組みや到達状況に対して教師がフィードバックを与え，生徒の学習を促すこと。

　このうち「見取り・励まし（形成的評価）」が，私たち教員が日々の指導と評価の営みで一番活用しており，生徒の学業成績を向上させる有効性もさまざまな研究で報告されているものである（Harlen & Winter，2004 ほか）。「形成的評価を最大に，総括的評価を最小にする評価法」（松沢，2021）により，よりよい授業づくりと，成績処理の時間を最小にする働き方改革の，両面を実現できるようにする。

　そこで，単元を計画するときに「見取り・励まし」と「評価」の場面を分けることが，肝要である。つまり「見取り・励まし」は生徒が自己表現を伸ばしたり内容理解を深めたりするための「ヤマ場の課題」までの過程に，「評価」は単元で学習したことを生徒がきちんと身に付けているかを見るための「ミニテスト」までの過程に場面を設定する，というように使い分けるのである（図7，p27）。

　「ヤマ場の課題」までの過程では，生徒全員が制限のない活動のなかで自分が伝えたい内容を最大限に表現できることが，最も重要である。教師は「見取り・励まし」に多くの時間を費やし，生徒の自己表現や主体性をを引き出したり内容理解を深めたりすることに注力したい。いっぽう「ミニテスト」は「ヤマ場の課題」に準じた，公平性・妥当性・信頼性のある評価課題・評価問題で，生徒のコミュニケーション能力の適切さと正確さが十分であるかを「評価」する場面である。

　「ヤマ場の課題」は生徒の多様な自己表現を尊重するものであり答えを一つに絞ることは適切でないが，「ミニテスト」はある一定の条件下で生徒の力を測定するために明確な答えを想定する必要があるものである。「ミニテスト」の「評価」は解答条件や正答，そして評価基準（ルーブリック）に沿って評価が実施されるものとして構想することで，英語科の教員間でブレのない「評価」を実現していくことが大切である。また「ヤマ場の課題」への取り組みを通して，生徒に「ミニテスト」では何をクリアしなければならないかを明確にして，生徒たちが目的をもって主体的に単元の学習に取り組むことができるようにすることが大切である。

　そのうえで教師は「ミニテスト」前の段階で評価基準に照らし合わせて個々の生徒の達成度が不十分であった場合に，練習や支援をしながら「ミニテスト」では生徒全員が「B」

または「A」を達成できるようにする。

　単元において「評価」する場面を最小に絞り，生徒たちの日々の学習に対する「見取り・励まし」の場面を最大にすることが，教材研究や生徒との人間関係づくりなどの充実につながり，評価にかかる手間や事務作業に忙殺されることを防ぐなど教師の働き方改革にもつながる。

どのように評価の複雑化・あいまい化を避けるか

　生徒の単元を通した思考の成果が試される「見せ場」を創り出すために，次の「三つの評価場面」を有機的に関連付け，使い分けることを提起する。

①ヤマ場の課題…生徒の自己表現をパフォーマンスとして最大限に引き出したり，内容理解を深めたり，「思考力，判断力，表現力等」「学びに向かう力，人間性等」の高まりの過程で表出する「主体的に学習に取り組む態度」をおもに評価する。

②ミニテスト……一定の条件下で，公平性・妥当性・信頼性のある評価基準（ルーブリック）を用いて，おもに生徒がパフォーマンスによって身に付けた力を「思考・判断・表現」の観点で評価する。

③定期テスト……筆記試験として，おもに生徒の力の正確さを「知識・技能」の観点で，表現内容の適切さを「思考・判断・表現」の観点で評価する。

①「ヤマ場の課題」の特徴と工夫

◆「思考・判断・表現」と「主体的に学習に取り組む態度」の状況が見えやすい

　「ヤマ場の課題」は，生徒の「思考力，判断力，表現力等」「学びに向かう力，人間性等」などを高めるために，パフォーマンスを伴う単元の学習を総括する課題である。生徒は教師や級友の助けを借りながら，課題（タスク）の完成をめざす。生徒の主体性を引き出し，生徒が課題を遂行する過程で，期待される英語の力を生徒に身に付けさせるものである。コミュニケーションの必然性のある課題（例：「新入生に中学校の ALT の先生を紹介するインタビュー記事」「地元大学の留学生とのインタビュー交流会」「理想のロボットのプレゼンテーション」など）に取り組むことで表出する生徒の英語学習への「主体的に学習に取り組む態度」を中心に評価する。

　長所として，生徒が課題に応じて本当に伝えたい内容を表現しようとしたり，教材を理解しようとしたりするために，「思考力，判断力，表現力等」の高まりとともに表出する「主体的に学習に取り組む態度」を評価しやすい。また，パフォーマンスを成功させるために必要な，テキストの特徴（例：原稿の構成，内容，言語など）やストラテジー（例：スピーチでのアイコンタクトの取り方，リスニングでの効果的なメモの取り方など）を明確に指導できる。相手とリアルなコミュニケーションを交わすなかで，生徒はよりよいコミュニケーションになるように主体的にテキストの特徴の理解を深めたりコミュニケーションのストラテジーを工夫したり，自分の表現の改善を図ったりする。これら「主体的に学習に

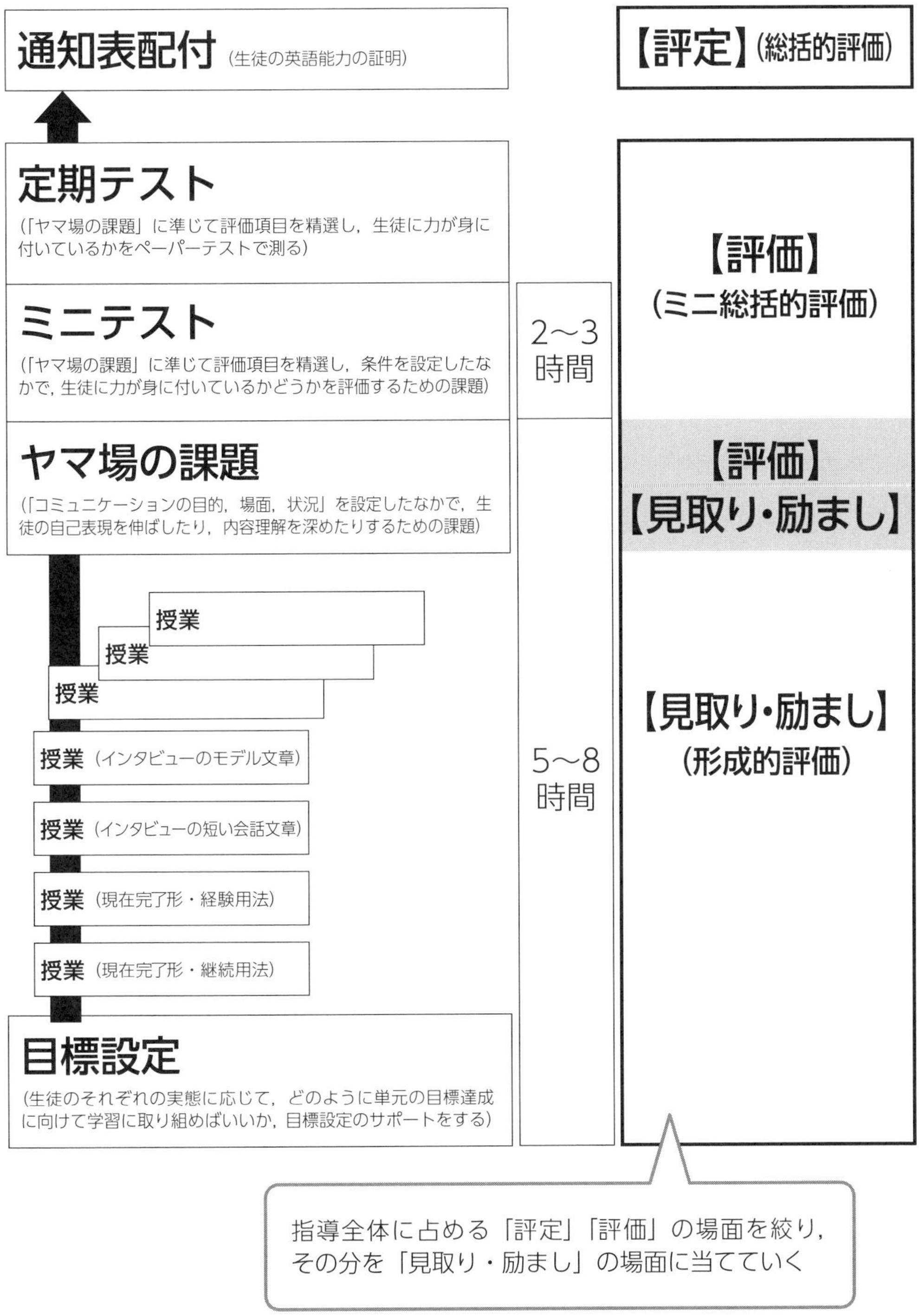

通知表配付 （生徒の英語能力の証明）

【評定】（総括的評価）

定期テスト
（「ヤマ場の課題」に準じて評価項目を精選し，生徒に力が身に付いているかをペーパーテストで測る）

ミニテスト
（「ヤマ場の課題」に準じて評価項目を精選し，条件を設定したなかで，生徒に力が身に付いているかどうかを評価するための課題）

2〜3時間

【評価】
（ミニ総括的評価）

ヤマ場の課題
（「コミュニケーションの目的，場面，状況」を設定したなかで，生徒の自己表現を伸ばしたり，内容理解を深めたりするための課題）

【評価】
【見取り・励まし】

授業

授業

授業

授業 （インタビューのモデル文章）

授業 （インタビューの短い会話文章）

授業 （現在完了形・経験用法）

授業 （現在完了形・継続用法）

5〜8時間

【見取り・励まし】
（形成的評価）

目標設定
（生徒のそれぞれの実態に応じて，どのように単元の目標達成に向けて学習に取り組めばいいか，目標設定のサポートをする）

指導全体に占める「評定」「評価」の場面を絞り，その分を「見取り・励まし」の場面に当てていく

図 7．単元における「見取り・励まし」「評価」「評定」の使い分けイメージ

取り組む態度」の高まりを，生徒にパフォーマンスの動画，作品や振り返り記録などをデータなどで提出させたうえで，客観的に点数化するのである。評価の内容は表現の正確さなどではなく，「コミュニケーションの目的や場面，状況」に応じて内容を考え，表現する「思考力，判断力，表現力等」が高まる過程と一体的に評価する「主体的に学習に取り組む態度」が主となる。

　「ヤマ場の課題」を設定する際に，教科書の単元（レッスン）の内容を自校の生徒の実態に合った内容で構成する。そして教師間で評価基準（ルーブリック）を作成し，課題で達成するべきポイントを生徒とも共有する。これが生徒の力を高めるための共通の尺度となる。先に評価基準を作成することで生徒に対して具体的なフィードバックができ，生徒を励ましながら生徒の力を伸ばすこと（形成的評価）につながる。この評価基準は②で説明する「ミニテスト」でも用いるため，生徒が力を伸ばすための評価基準であると共に，生徒に単元で身に付いた力を評価する際の評価基準になる。

◆**評価の公平性・妥当性・信頼性を担保しにくい**

　短所として，課題の内容によって「思考・判断・表現」の評価をするうえでの公平性・妥当性・信頼性を担保しにくい。例えば「話すこと［発表］」において，むずかしいトピックを選んだ生徒は使用する文法，語彙の難度もが上がり，平易なトピックを選んだ生徒よりパフォーマンスに誤りが増えてしまうことがある。また ALT にインタビュー活動をすることになった場合，生徒一人一人がインタビューする場面を教師が評価し逐一チェックすることは指導と評価の場面が混在したり，評価を複雑化したりすることになってしまう。「ヤマ場の課題」は，「主体的に学習に取り組む態度」を最大限に引き出すことの目的にとどめることも有効である。

②「ミニテスト」の特徴と工夫

◆**評価の公平性・妥当性・信頼性の点で「ヤマ場の課題」を補う**

　「ヤマ場の課題」の短所を補うために，「ミニテスト」を設定する。「ミニテスト」は，生徒のパフォーマンスを公平性・妥当性・信頼性のある内容で評価するために，「ヤマ場の課題」をダウンサイズ（評価の量や項目を絞る）したり，パラレルな内容に編集したりしたテストである。ここでは公平性・妥当性・信頼性を以下のように定義する。

公平性……パフォーマンスを伴う課題であっても，生徒全員が同じ条件下で評価課題に取り組める。

妥当性……「ヤマ場の課題」に準じた「評価基準（ルーブリック）」をもとに，教師が単元を通して指導してきた内容を適切に評価する。

信頼性……ある程度答えに幅のある内容で評価課題・評価問題を課し，教師間で同じ「評価基準（ルーブリック）」を用いて生徒のパフォーマンスを評価できる。

　「ヤマ場の課題」で高めた「思考力，判断力，表現力等」を評価したり，生徒が自己評

表2．三つの評価場面の長所と短所

ヤマ場の課題 （形成的評価，ミニ総括的評価）	ミニテスト （ミニ総括的評価）	定期テスト （ミニ総括的評価）
生徒の「思考力，判断力，表現力等」「学びに向かう力，人間性等」などを高めるための，自己表現や内容理解に重きをおいた単元を通して取り組む課題。	生徒のパフォーマンスを公平性・妥当性・信頼性のある内容で評価するための，「ヤマ場の課題」をダウンサイズしたりパラレルな内容に編集したりしたテスト。	生徒のコミュニケーションに関する正確さや適切さを公平性・妥当性・信頼性のある内容で評価するための，各単元での学習内容に準じたペーパーテスト。
【長所】 　自己表現や内容理解に重きをおいたパフォーマンスによって生徒の主体性を引き出せるため，生徒のパフォーマンスに対する取り組みを「主体的に学習に取り組む態度」として評価しやすい。「ヤマ場の課題」を設定することで教師間で同じ目標を共有でき，指導と評価の一体化を進めることができる。	【長所】 　「ヤマ場の課題」に準じて，自己表現ではなく，条件を設定したなかで生徒が取り組む。明確な評価基準や答えに沿って，生徒の「思考・判断・表現」を評価することができる。生徒の自己評価のためのテストとして「ヤマ場の課題」の前後に設定し，生徒が自分の力を試すためのリハーサルや確かめテストとして設定することも可能。	【長所】 　多くの学校で教育課程に位置付けられており，全員に同じ条件で確実に実施することができる。「知識・技能」を中心に正確さを測ることが可能であったり，問題の工夫次第では「思考・判断・表現」の適切さを測ったりすることもできる。教師間で「ヤマ場の課題」を共有することで指導の足並みがそろい，「定期テスト」の問題も作成しやすくなる。
【短所】 　課題の内容や生徒の取り組みの難易度によっては，公平性・妥当性・信頼性のある評価基準で生徒のパフォーマンスを評価できない。 （例）むずかしいトピックでプレゼンテーションにチャレンジした生徒とそうでない生徒で使用する表現に難易度の違いが生まれ，パフォーマンスの出来映えに差が生じる。	【短所】 　「思考・判断・表現」以外にも「知識・技能」などのほかの評価項目を設定した場合は評価が複雑化してしまい，教師の評価にかかる負担感を高めてしまう。	【短所】 　目的や準拠するものがない状況で問題作成をした場合，生徒の力を見切るだけのテストになりかねない。単元や授業の内容と関連のない副教材の問題をそのまま参考にしたようなテストでは，かえって指導と評価の一体化とは逆の方向に向かってしまう。

＊「定期テスト」で出題するまとまりのある文章を書かせる課題は，「書くこと」のパフォーマンスを測るテストと捉えることができる

価するためのテストとして「ヤマ場の課題」の前後に設定し，生徒が自分の力を試すためのリハーサルや確かめテストとして設定したりすることが可能である。このことから「ミニテスト」は，ミニ総括的評価と形成的評価の役割の両方を果たす。

　「ヤマ場の課題」前に「ミニテスト」を実施する場合は成績出しをせずに生徒が力を試すための練習の場面にし，教師による「見取り・励まし」の機会にしたい。例えば「ヤマ場の課題」の前ならば，生徒たちがいまの実力を自己評価できるようにプレテスト的に実施することで，生徒たちは早い段階から学習内容の到達度を自分で確かめることができる。いっぽう「ヤマ場の課題」のあとに実施するならば，「思考・判断・表現」を評価するための内容を設定する。「新入生に中学校のALTの先生を紹介するインタビュー記事」という「ヤマ場の課題」ならば，インタビューの質問が本当に適切に書けるかを評価するために，「来年度の新入生に英語担当の先生を紹介するために，どのように英語でインタビューするか？　インタビューの台本を書きなさい」という「ミニテスト」を設定する。課題に応じて担当の先生の経歴をたずねるために，生徒たちは単元で学習した「現在完了形」を活用しなければならない。単元で身に付けた言語材料をもとに，インタビューの「目的や場面，状況」に応じた内容を考え，構想できているかを「思考・判断・表現」として

評価する。

◆運用次第では評価が複雑化し，教師にも生徒にも負担になりやすい

「ミニテスト」を実施するうえでは信頼性を高めるために教師間や生徒間で評価基準表（ルーブリック）を共有し，何ができればいいか達成項目を明確化しておく必要がある。達成項目が明確になればなるほど，生徒は評価課題に一生懸命に取り組むようになる。何をどのように達成すれば「A」評価になるかを考え，「ミニテスト」前のパフォーマンスの練習に仲間と協力しながら取り組む。「ヤマ場の課題」では自己表現の面白さ，「ミニテスト」では条件に応じた表現が正しく着実に身に付く面白さ，を実感していくのである。

短所として，一度の評価場面で二つ以上の評価項目を設定すると，評価が複雑化してしまう。「ミニテスト」では「知識・技能」は，領域の内容に応じて評価するかどうかを判断する。例えば「話すこと［やり取り］」ならば，複数回のやり取りがあるまとまりのあるインタビューの内容面を評価する「思考・判断・表現」に加えて，教師からの一つの質問に対して目標言語材料を使って１文で答え，正確さを「知識・技能」の観点で評価することも可能である。

毎単元でパフォーマンスを伴う「ミニテスト」を実施するのではなく，2学期制（前期・後期）の学校ならば年間４回（前・後期の中間・期末テスト）程度にして，評価のための「ミニテスト」を実施し過ぎないようにしたい。「ミニテスト」＝点数化ではなく，必要に応じて点数化しない「ミニテスト」を実施し，生徒たちが何度も力を試せるようにする。基礎的な単語テストを「ミニテスト」として実施し点数化することもよいかもしれないが，多く実施すると教師が評価に割く時間も増える。「ミニテスト」は「生徒の力試し」のためのもの，または「生徒の力の評価」のためのもの，という使い分けをしっかりしたい。

③「定期テスト」の特徴と工夫

◆評価の公平性・妥当性・信頼性が担保しやすく，「評定」の根拠にしやすい

「定期テスト」は生徒のコミュニケーションに関する正確さや適切さを「知識・技能」「思考・判断・表現」の観点で評価するために「ヤマ場の課題」に準じた内容で，各単元での学習内容に準じて実施する筆記テスト（ペーパーテスト）である。

「思考・判断・表現」の指導と評価を充実させるには，「ヤマ場の課題」「ミニテスト」「定期テスト」の関連付けが必要である。「ヤマ場の課題」「ミニテスト」では生徒が主体的に課題に試行錯誤しながら英語の力を身に付けるようにするが，「定期テスト」でもその前に類似した課題を課して，生徒が何度も力を試し，学習内容を確実に理解する機会を複数回設定する。

◆知識の暗記・再生を測るだけの評価から脱却する

単元に特化した評価計画を立てることで，「定期テスト」に単元の学びを色濃く反映させた作問の工夫が可能になる。「インタビュー」「スピーチ」「プレゼンテーション」といったテキストフォーマットを生かした問題を作成し，「書くこと」にとどまらず「聞くこと」

「読むこと」に関連させた問題づくりも可能になる。「聞くこと」や「読むこと」においては単独で焦点化するよりも「話すこと」「書くこと」と統合した活動のなかで理解を評価するほうが，さまざまな視点からその力を育成することができる。穴埋め形式や一問一答形式の問題のみの状況から脱却し，「定期テスト」を生徒が授業を通しての成長が実感できる問題にすることで，生徒が単元の学びを思い返しながらテストで解答し教師がそれを評価するという，「指導と評価の一体化」の充実をより図ることができる。

どのように評価計画を作成するか（評価の重点化と，あいまいさの排除）

◆ CAN-DO リストの作成——評価計画と連動させる

　各学校で学習到達度目標を CAN-DO リストで設定し，5領域で生徒が身に付けるべき能力を明確化し，指導と評価の改善に生かすことが評価計画の第一歩になるが，CAN-DOリストの作成は容易なことでない。そして作成したものを日頃の指導に生かし，生徒の実態に応じて英語科で練り直していく営みにならなければ，「絵に描いた餅」になりかねない。無理のない「指導と評価の一体化」を実現するために，単元ごとの目標設定からボトムアップで評価計画を設定し，CAN-DO リストとの連動を図る。

　学校で育成する資質・能力を踏まえて英語科として育む資質・能力を設定したり，生徒の領域ごとの能力の習熟過程を想定したりして，CAN-DO リストの5領域ごとのディスクリプタ（能力記述文）（記述例：はっきりと話されれば，身近な問題についての話し合いの要点を理解することができる）を加筆していく。また，そのディスクリプタをどの単元で評価するか，そのための評価方法は何か明確にする。

---

①年度始めに学習到達目標「CAN-DO リスト」を作成する。
　　↓　＊無理のない範囲で5領域の目標を設定（詳細にしすぎない）
②学期がスタートしたら，3観点×5領域から単元ごとに単元目標や単元の評価方法が明示された「プログレスカード（単元カード）」を作成する（p45 参照）。
　　↓　＊明示することにより，生徒だけではなく，担当教員間でゴールを共有できる
③「プログレスカード」で示した単元を通して取り組む課題を実施する。
　　↓　＊課題の目的に応じて，形成的評価，ミニ総括的評価を分け，評価のオーバーワークにならないように注意する
④必要に応じて「ミニテスト」と「定期テスト」を実施する。
　　↓　＊単元ごとに「ミニテスト」を実施したり，学期ごとに「定期テスト」を実施したりする
⑤評定に必要なデータを成績に反映する。
　　↓　＊3観点×5領域の項目を年間を通して網羅できるようにする
⑥①～⑤を学期ごとに繰り返し，英語科としての評価計画をボトムアップでつくり上げる。

◆1単元の評価計画の作成──重点をおく領域を設定する

単元の評価計画は，1単元ごとに重点をおく領域をもとにして作成する。

（ⅰ）CAN-DO リストと連動した重点をおく領域の評価規準の設定（達成したい目標）

○ CAN-DO リストのディスクリプタ（能力記述文）をもとに，その単元で重点をおく領域の評価
　規準を考える。
・CAN-DO リストのディスクリプタ
（例）「話すこと［発表］」の「思考・判断・表現」について……読んだ英文の内容について考えた
ことやその理由を，視覚的資料をもとに説明することができる。
　　　↓
・単元の評価規準の設定
（例）教科書の内容が異文化理解が話題……外国人にとって人気のある日本の文化的活動に関する
記事を読み，それに対する自分の考えを，視覚的資料をもとに口頭で発表することができる。

（ⅱ）単元の「ヤマ場の課題」と，その評価基準の設定（パフォーマンスの具体的な達成度）
「ヤマ場の課題」は個人の進度に合わせて何度も修正してつくり上げたり，ペアやグループで
協調したりして取り組むものであることから，「主体的に学習に取り組む態度」をおもな評価
対象としたい。「思考・判断・表現」を，後の「ミニテスト」で評価する。評価基準表（ルー
ブリック）を生徒や担当教師間で共有する。

○教科書を参考にしながら，生徒の既有の知識や経験などを関連付けられるような興味・関心を
　引き出す「ヤマ場の課題」を英語科の教師間で考案する。
・教科書の内容──（例）外国人にとって人気のある日本の文化的活動紹介
・言語材料───（例）比較級・最上級
・タスク ────（例）プレゼンテーション
　　　↓
○単元の「ヤマ場の課題」を設定する。
（例）ALT に新潟市の歴史・文化的に人気のある場所を説明する。
○評価観点と評価基準をルーブリックに設定する。

（年間の評価計画に基づき，パフォーマンスを伴う評価テストをする場合）
（ⅲ）「ミニテスト」の内容と，その評価基準の設定（目標達成を測る評価）
「ミニテスト」は，「ヤマ場の課題」で高めた「思考力，判断力，表現力等」を，公平性・妥
当性・信頼性のある内容で評価するため，「思考・判断・表現」をおもな評価対象としたい。
達成度をルーブリックとして生徒や担当教師間で共有する。

○「ヤマ場の課題」の内容をダウンサイズしたものを評価課題として設定する。
○評価の観点

◆１単元の評価計画の実施──目標や内容を生徒に明示する

　評価計画ができたならば，実際に１単元を実施する。実施にあたり，その道標となる単元の取り組みを記録する「プログレスカード（単元カード）（図13〜14，p45）」を活用する。カードには，単元の目標や学習内容など，単元の終わりに総合的な振り返りを記入する枠組みを示す。担当の教師間で目標を確実に共有し，その達成に向けたアプローチの方法を合わせたり個々の指導の個性を生かしたりすることは，生徒にとってもコミュニケーションの高まりを平等に実施される課題で評価されることがわかり，自分が何を取り組むべきか明確になるのである。つまり，目標と内容を生徒に明示することによって，教員が評価計画を確実に実施する第一歩につながる。

◆「ヤマ場の課題」「ミニテスト」の作成──相補的に計画・作成する

　学期ごとに実施単元の計画，「ヤマ場の課題」の内容，それを補充する「ミニテスト」が何であるかを明確にし，学期ごとにどのように評価していくかを組み立てていく。多くの学校では一つの学期に単元（レッスン）単位を三つ，四つほど実施して，それに合わせて「定期テスト」を実施している。「ヤマ場の課題」「ミニテスト」で生徒が課題に主体的に取り組んで身に付ける力の何を評価の対象とするのか，そして「定期テスト」で補充的に何を評価の対象とするのかを考えるようにする。

　図８（p35）のように一つの単元のなかには目標となる「言語材料」と，単元の内容に応じた「長文」「リスニング」の教材が組み込まれている。これらを効果的に学習し学習内容を理解するために，「ヤマ場の課題」を設定した単元の評価計画をつくる。そして「ヤマ場の課題」の前後で「ミニテスト」を実施する。「ミニテスト」の実施時期や回数は，「ヤマ場の課題」の内容に応じて適宜工夫する。

　例えば「ヤマ場の課題」が「書くこと」の領域でレポートを作成することならば，レポートに必要な単語や表現を「ミニテスト」で「単語テスト」を実施して，「知識・技能」の評価項目とする。そしてレポートを書くために必要なテキストの特徴（「構成」「内容」「言語」）やマッピングなどのライティングストラテジーをまとめたワークシートを英語科共通で作成し，生徒に課す。これを「主体的に学習に取り組む態度」の評価項目とする。最後に，レポートを何も参照せず，自分の力で本当に書けるかどうかを評価するために，「定期テスト」でまとまりのあるレポートを書く課題を課し，「思考・判断・表現」の評価項目とする。

　また例えばALTのインタビューが「ヤマ場の課題」ならば，グループでALTにインタビューを実施し，生徒が主体的に課題に取り組めるようにする。インタビューのテキストの特徴（「構成」「内容」「言語」）や会話を継続するストラテジーをまとめたワークシートを英語科共通で作成し，生徒に課す。これを「主体的に学習に取り組む態度」の評価項目とする。最後に，別の日に，担当教師と生徒が１対１で，「ヤマ場の課題」インタビューをダウンサイズした内容で「ミニテスト（インタビューテスト）」を実施し，「話すこと［やり取り］」の「思考・判断・表現」を評価する。

◆「定期テスト」の作成──「ヤマ場の課題」と関連させる

　学期末にある「定期テスト」では，各単元で実施した「ヤマ場の課題」に類似した問題や，「言語材料」「リスニング」「長文」を題材に問題を組み立てる。「定期テスト」を作成するときに望ましくないことは，生徒が一度も触れたことがない文脈の問題や何かの参考書を参考にした問題を課すことである。

　「定期テスト」は入試問題ではなく，教師が指導したことをきちんと習得しているかを測るものである。生徒の自律的な学びを促すためにも，生徒が「ヤマ場の課題」「ミニテスト」で経験した問題に類似したものをもう一度，「定期テスト」で再挑戦できるような評価の工夫が必要である。一つの学期を通して，評定への総括に生かすための評価と，生徒の力試しや動機付け，自己調整を図る評価のバランスを考慮して，無理のない評価計画を作成することが大切である。

脚注

本書で説明している「ヤマ場の課題」「ミニテスト」は, 安宅・松沢（2016）の「教授学習サイクル（TLC）」「練習評価サイクル（PAC）」を参照している。「ヤマ場の課題」は「学習タスク」，「ミニテスト」の「生徒の力試し」は「練習タスク」，「ミニテスト」の「生徒の力の評価」は「評価タスク」と同義の内容である。

また本書で紹介している「コミュニケーションのストラテジー」は, 大学英語教育学会学習ストラテジー研究会（2006）を参照している。

Tips　選択と集中

　「ヤマ場の課題」と「ミニテスト」「定期テスト」の関係性を明確にすることで改善の見通しをもてることが，評価の回数（機会）の精選である。あえて強調して書くが毎学期，毎回の単元で「3観点×5領域＝15項目」を評価することは不可能に近く，評価の回数を増やすことは必然的に教師の点検，事務処理量を上げることになる。単元の評価計画を担当教員間で作成・共有し，後になってから評価事務に追われてしまうことがないようにしたい。

　学校事情によって，一人で3学年を担当する先生や多くの学級を担当しなければならない先生もいるだろう。しかしながら「ヤマ場の課題」を設定せずに，「定期テスト（ペーパーテスト）」をメインに評価をした場合，「定期テスト」の難易度設定を失敗してしまったら，生徒たちの力を適切に評価できない恐れもある。その場合，「選択と集中」を優先したい。1年間を通して「3観点×5領域＝15項目」を確実に指導し，評価することが望ましいならば，これを前期・後期の2回の総括的評価のなかで行っていくことである。そして何よりも大切にしたいことは，生徒の英語を伸ばしたり試したりする機会を数回にわたり与え，改善が見られたときは加算的に評価することである。そうすることで評価項目の「選択と集中」ができ，厳しい状況でも指導と評価を何とかやり通すことができるように工夫することが大切である。

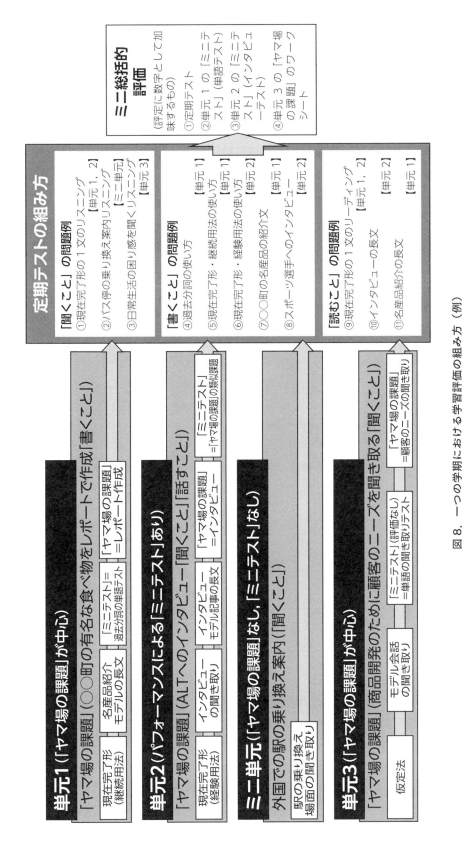

図8．一つの学期における学習評価の組み方（例）

35

2 英語科における評価材料の集め方, 評定の導き方

各領域の評価材料をシンプルに収集するポイント

「知識」と「技能」は別の課題で評価する場合もある（国立教育政策研究所, 2020）ため、「3観点×5領域」の評価を実行することは実質的に「4観点×5領域＝20項目」ともいえる。教師の負担感を低減して日常の授業で生徒との関係を築き、よりよい授業を展開できることに最大限の力を注ぐために、指導を高めることに時間を最大化し評価のための時間を最小化したい。そこで「4観点×5領域＝20項目」を一つ一つ評価するのではなく、図9 (p37)、図10 (p39) のように最小限の評価場面と評価方法に重点化・焦点化してはどうだろうか。以下領域別に説明する。

なお「知識」と「技能」の区別では、「知識」はおもに言語材料のことを示している。5領域の「技能」や、パフォーマンスを伴う「思考・判断・表現」を下支えする要素として考えたい。

聞くこと——「定期テスト」を工夫する

「聞くこと」の「技能」「思考・判断・表現」は、おもに「定期テスト」を評価方法とする。「知識・技能」は単元ごとの目標の言語材料を用いた1文や「A→B→A」程度の短い会話を聞き取る評価問題を作成する。

「思考・判断・表現」は「ヤマ場の課題」の内容に準じながら、まとまりのある文章や会話文の展開、内容などを聞き取る評価問題を作成する。

読むこと——「定期テスト」を工夫する

「読むこと」の「技能」「思考・判断・表現」も、おもに「定期テスト」を評価方法とする。「知識・技能」は「聞くこと」と同様に、単元ごとの目標の言語材料を用いた1文や「A→B→A」程度の短い会話を読み取る評価問題を作成する。

「思考・判断・表現」は「ヤマ場の課題」の内容に準じながら、まとまりのある文章をテキストの目的（テキストタイプ）や表現形式（テキストフォーマット：テキストの容れもの）に応じて作成する。例えば「歴史的な偉人」という説明文ならば「偉人の生い立ち」「偉人が直面した社会的問題」「偉人が社会的問題を解決した方法」「人々に語り継がれている偉人の考え」というように、そのテキストだからこそ習う文章の「構成」「内容」「言

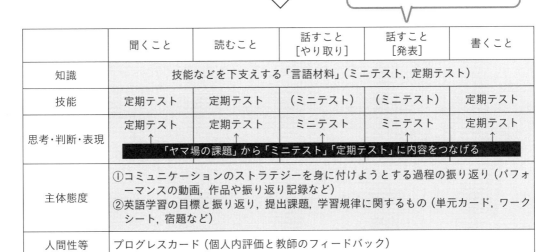

評価項目は全部で20

	聞くこと	読むこと	話すこと[やり取り]	話すこと[発表]	書くこと
知識					
技能		3観点×5領域＝15項目の評価項目			
思考・判断・表現		実質は…… 4観点×5領域＝20項目の評価項目			
主体態度					
人間性等	個人内評価				

＊「主体態度」＝「主体的に学習に取り組む態度」
＊「人間性等」＝「学びに向かう力，人間性等」

関連付けて，シンプルに！

	聞くこと	読むこと	話すこと[やり取り]	話すこと[発表]	書くこと
知識	技能などを下支えする「言語材料」（ミニテスト，定期テスト）				
技能	定期テスト	定期テスト	（ミニテスト）	（ミニテスト）	定期テスト
思考・判断・表現	定期テスト	定期テスト	ミニテスト	ミニテスト	定期テスト
	「ヤマ場の課題」から「ミニテスト」「定期テスト」に内容をつなげる				
主体態度	①コミュニケーションのストラテジーを身に付けようとする過程の振り返り（パフォーマンスの動画，作品や振り返り記録など） ②英語学習の目標と振り返り，提出課題，学習規律に関するもの（単元カード，ワークシート，宿題など）				
人間性等	プログレスカード（個人内評価と教師のフィードバック）				

図9.　内容のまとまり（五つの領域）と３観点（実質は４観点）の評価項目を最小限に絞った評価場面と評価方法

語」などを踏まえて，「思考・判断・表現」の評価問題を作成する。

書くこと──「定期テスト」を工夫する

　「書くこと」の「技能」「思考・判断・表現」も，おもに「定期テスト」を評価方法とする。「知識・技能」は基本的な語彙に関する問題や文法の形式を問う問題，会話文で文法を問う問題など，言語材料の「正確さ」を問う評価問題を作成する。いっぽうで単元の途中で「単語テスト」「基本文テスト」など，技能を下支えする要素として「知識」のみの理解度を評価する「ミニテスト」も取り入れることが可能である。

　「思考・判断・表現」は「読むこと」と同様に「ヤマ場の課題」の内容に準じながら，

まとまりのある文章をテキストの目的（テキストタイプ）や表現形式（テキストフォーマット）に応じて作成する。例えば「アンケート結果のメール」ならば「メールの件名」「差出人，宛先」「メールの概要」「メールの詳細」「結びの言葉」というように，説明的なメールをする場合に特有の「構成」「内容」「言語」などを学ぶことになる。それらを生徒が身に付けることができているかを「思考・判断・表現」の評価問題で問うように工夫する。

話すこと──「ヤマ場の課題」と「ミニテスト」を工夫する

　「話すこと［やり取り］［発表］」はおもにパフォーマンスを伴う課題で総括的評価を行うことから，「ヤマ場の課題」から「ミニテスト」へのつなげ方に工夫が求められる。

　「思考・判断・表現」は「ヤマ場の課題」の内容に準じた「ミニテスト」として，まとまりのある文章を発表したり複数回のやり取りがあるインタビューをしたりする評価課題を作成する。ただし「ヤマ場の課題」と違う点は多様な自己表現を認めることではなく，特定の条件に沿って実施させ評価することである。例えば「ヤマ場の課題」で「ALTの日本での経験に関することをインタビューすること」という課題ならば，生徒たちは個人やグループで自由に聞きたいことをインタビューする。そのなかで生徒は「インタビュー前のあいさつ」「経験を問う質問」「経験の具体的なエピソードを問う質問」「お礼のあいさつ」というインタビューの「構成」「内容」「言語」の知識を学んでいく。他方「ミニテスト」では自由に聞きたいことをインタビューするのではなく，条件下である人物になって担当教師と1対1のインタビューをさせて，適切にインタビューができるかという「思考・判断・表現」を評価する。

　いっぽうで「知識・技能」はまとまりのある発表や複数回のやり取りを測るものではなく，言語材料を用いた1文程度または「A → B → A」程度の話す力を評価する。例えば先ほどのインタビューテストならば冒頭で生徒に写真や絵を見せて "Please explain this picture." と問い，生徒が "The boy has been to Kyoto twice." という「現在完了形・経験用法」を用いて正確に受け答えをする評価問題を課す。このように教師も簡単に評価ができるだけでなく，生徒にとっては本格的なインタビュー前のウォーミングアップになり，インタビューテストの質も高まるように工夫することが大切である。

主体的に学習に取り組む態度──「ヤマ場の課題」を工夫する

◆「ヤマ場の課題」で指導するコミュニケーションのストラテジーに関するもの

　五つの領域における「主体的に学習に取り組む態度」は，二つの具体的な評価方法で評価することができる。

　まずは「ヤマ場の課題」で指導するストラテジーに関するものである。「主体的に学習に取り組む態度」の評価対象となる「〜しようとしている」という生徒の姿はもともとの声の大きさやその子の資質や，個人的に英語を習っている生徒の英語力などにも大きく影響を受けやすい。あいまいさが残る評価は，ときに生徒にとって不公平を招いてしまうこ

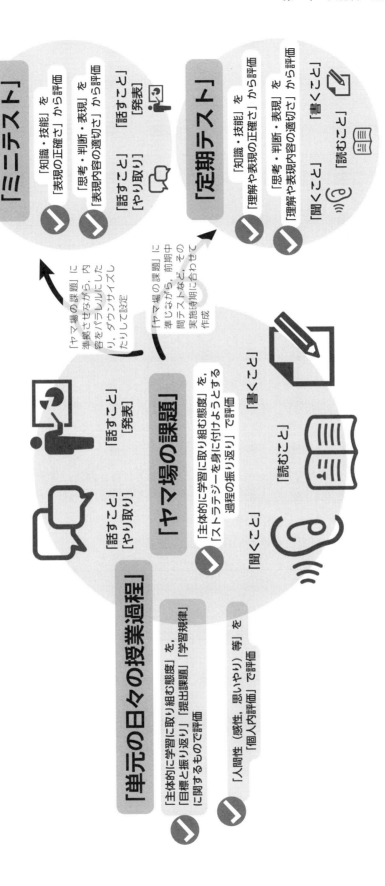

図 10.　単元における 3 観点評価に応じた三つの評価場面の基本的なイメージ

とになる。担当する教師間で「主体的に学習に取り組む態度」をきちんと点数化し、客観性のある評価を行うために、「ヤマ場の課題」を成功させるために必要な五つの各領域のストラテジーを、生徒が授業で身に付けようとしている工夫や取り組みの変化や過程を点数化することをおすすめしたい。

　例えば「話すこと［発表］」の「スピーチの発表」で、「文の強調」というストラテジーを「ヤマ場の課題」の前に焦点化して指導する。何回かの練習を経てからタブレット型端末で自らの発表の様子を録画、録音させ、自分なりに「文の強調」で気付いたことを振り返らせた自己評価と共に、データを提出させる。こうすることですべての生徒が、パフォーマンスを高めるために自ら工夫していることや、諦めずに「文の強調」を身に付けようと工夫や意図を働かせたことを振り返りの文章としてデータ化＝点数化できる。声の小さい生徒であっても努力の過程を教師に示すことができるし、教師が指導したことをきちんと自分のこととして高めようとしているかも示すことができる。

　教師が指導したコミュニケーションのストラテジーをはじめはできなかったが、「ヤマ場の課題」を通して単元の終わりにはできるようにしようとした生徒の努力の過程を、「主体的に学習に取り組む態度」として評価する。そして、生徒の「スピーチでの文の強調」ができているか、できていないかを英語のスキルとして「技能」「思考・判断・表現」の評価項目として評価する。こうすることで「技能」「思考・判断・表現」の「〜できる」「〜している」と、「主体的に学習に取り組む態度」の「〜しようとしている」の観点を、一体的かつ明確に区別して評価することができる。

◆「ヤマ場の課題」への取り組みを通した目標と振り返り、提出課題、学習課題に関するもの

　次に「目標と振り返り、提出課題、学習規律に関するもの」である（例：日々の英語学習の目標設定とそれに対する振り返り、宿題をきちんと完成させる、授業の課題をきちんと仕上げるなど）。「目標と振り返り」ならば日々の授業の振り返りの記述を、自分を高めようときちんと書いているかそれとも面倒に思って何も書かないかをもとにして、はっきりと評価できる。「提出課題」は言語材料の理解を深めることを目的としたワークなどの提出物を、きちんと仕上げているかをもとにするとはっきりと評価できる。「学習規律」は学校ごとに大切にしている授業ルールなどをもとにすると、評価を設定しやすい。

　本書の「ヤマ場の課題」は、生徒の「思考力、判断力、表現力等」を引き出すことを目的としている。「ヤマ場の課題」を設定することで生徒たちは毎回の授業に明確な目的意識をもって取り組むことができる。ワークシートや宿題についても「ヤマ場の課題」を成功させるために何を身に付けなければならないのか、生徒が単元の学習に目的をもつことができる。このように、生徒が「コミュニケーションの○○を高めるために必要な□□」と捉えられることを大切にしたい。

　余談になるが、現在、生徒が生成AIを簡単に使える環境になってきていることから、自律した学習者としての学び方について関心が高まっている。昨今の教育改革のキーワード"Learner Autonomy（学習者の自律性）""Self-Regulated Learning（自己調整学習）"

も，言語を学ぶ学習者としての学び方に焦点を当てている。先生方もご自身が英語を学ぶ際に，語彙の覚え方，長文の読解の仕方など，それぞれの方法を試行錯誤し，自分自身に合った学び方を身に付けたと推察する。今後，生徒たちにとっても英語の学び方はとても大切な学習要素になってくる。「主体的に学習に取り組む態度」を「自律した英語学習者になるための」というように考えると，提出物の内容もいままでと捉え方が変わるのではないだろうか。

　以上，「主体的に取り組む態度」の評価についてあいまいさをなくし，できる限り生徒と教師にとってプラスの成長につながるものを，客観的に評価するようにしたい。

個人内評価（感性，思いやりなど）──「ヤマ場の課題」を工夫する

◆ CAN-DO リストの外枠に記述し，明示的に指導

　観点別評価になじまず個人内評価をする「学びに向かう力，人間性等」の一部は，プログレスカード（単元カード）（図 13 〜 14，p45）を活用して，指導・評価をする。その具体例について，年間評価計画を作成する流れに沿って説明する。「学びに向かう力，人間性等」には，①「主体的に学習に取り組む態度」として観点別評価（学習状況を分析的に捉える）を通じて見取ることができる部分と，②観点別評価や評定にはなじまず，こうした評価では示しきれないことから個人内評価を通じて見取る部分がある（文部科学省，2019）。

　多くの先生方は「英語科教員として授業を通して生徒に伝えたい英語の大切さは何ですか？」と質問されると，「英語の知識・技能面」以上に，「英語学習を通して培われる人間性」について答えるのではないだろうか。日常の授業で「知識及び技能」「思考力，判断力，表現力等」などを指導・評価していても，肝心の「感性，思いやりなど」の人間性については大切とわかっていても明確に指導・評価していないのである。「感性，思いやりなど」の人間性は日常の授業の雰囲気にも直結しており，授業を通して教師が生徒のコミュニケーション場面での相手を思いやる行為や相手の発表に対して拍手する様子などを意図的に取り上げることで，授業の雰囲気は温かくなり，参加する生徒からも自発的な発言が出てくるようになる。これらを生徒が意識的に目標として掲げられるようにするためにも個人的評価の範囲において，教師が事前に英語科としての「学びに向かう力，人間性等」を目標として設定したい。

　例えば「思いやり」を教育目標として強調している学校ならば，英語の学習で誰とペアになっても一生懸命英語の練習や会話をしようとしているかという点で評価できる。この場合，ペアの相手によって練習や会話をしない生徒を教師は日々の授業で見取ることができる。こういった場合にはその生徒に対して，「英語の授業で大切にしていることは，誰とでもコミュニケーションを図る態度を身に付けること」と明示的に指導を加えながら，その評価も明確に伝えることが可能である。

　以上のことから「学びに向かう力，人間性等」の個人内評価に当たる部分の目標も，

CAN-DO リストの外枠に記述する（図11）。記述の際に留意すべきことは，学校で育成を図る「学びに向かう力，人間性等」を踏まえ，英語科の学びだからこそ育まれるものを学年の成長過程，1年間の教科書の単元のテーマや内容に関連させて記述することである。

◆「学びに向かう力，人間性等」の一部として個人内評価したいもの

　例えば「学びに向かう力」にかかる部分ならば，学校として「かかわり合い」を重視する教育ビジョンに準じて，「相手への思いやり」に焦点化して育めるように相手の話を傾聴したり，あいづちなどの非言語コミュニケーションを活用することを英語科の共通した目標として指導を継続していく。「思いやり……ペアに関係なく，誰とでも会話しようとする」というように目標を設定して，日常の授業でも生徒たちに「今日のペア活動では，普段あまり話したことがない相手に話しかけてみよう」と働きかけて英語の授業だからこそ育める「学びに向かう力」を指導していく。1年生から3年生にかけてどのように「かかわり合い」の質を高めていくかを，英語科の立場から練り上げていく。

　また「人間性等」にかかる部分ならば，例えば学校として「豊かな道徳心」を重視する教育ビジョンや道徳教育の全体計画を反映した別葉に準じて，教科書の単元のテーマに関連させた道徳的価値項目の内容から，生徒が深く単元の題材を考えるように指導する。単元の題材で「環境問題」が取り上げられていたならば，環境問題の実態や環境問題を解決するために自分たちが心がけていかなければならないことを，英語科の授業を通して英語の思考回路を働かせて考えさせるのである。アメリカの人種差別に関する題材ならば，生徒にいまの世界が抱えている人種差別の問題と，当時のアメリカの人種差別の問題に関する英語の資料を読み比べさせる機会を設定することで，英語科で人種差別に関する生徒の見方を広げ，深めさせ，生徒の「人間性等」を高める指導になりうる。教科書の単元のテーマも1年生から3年生にかけて，より社会的な話題になっていく。

　以上のように，「学びに向かう力，人間性等」の個人内評価に当たる部分についても英語科として段階的，系統的に育めるように CAN-DO リストに明記する。単元ごとに「プログレスカード（単元カード）」に生徒が自分から目標として設定し，単元の学習を通して，自分の成長の高まりを自分で実感できるような評価システムを構築していくことが大切である。

英語科　学習到達目標（CAN-DO List・NEW CROWN 三省堂版）

学校で育成を図る資質・能力

資質・能力	内容
知識及び技能	学んだことが集団のために役立ち生きて働く創造的な知識・技能
思考力、判断力、表現力等	集団のさまざまな立場や仲間を尊重し、協力し、課題解決に向かう協働的な思考力
学びに向かう力、人間性等	自らの行動を振り返り、考え、集団のために貢献しようとする自主的な態度

英語科の評価観点

評価観点	内容
知識・技能	外国語の音声や語彙、表現、文法、言語の働きなどに着目して理解するとともに、これらの知識を仲間やALTらとの実際のコミュニケーションにおいて活用できる技能を身に付けている。
思考・判断・表現	コミュニケーションを行う（目的や場面、状況）に応じて、仲間と協働し、日常的な話題、社会的な話題について、外国語で情報や考えなどを理解したり、表現したり伝え合ったりしている。
主体的に学習に取り組む態度	・コミュニケーション……相手、読み手、話し手、書き手に配慮し、仲間のよりよいコミュニケーションを図り、主体的に英語のコミュニケーションに取り組もうとしている。（おもに「粘り強さ」に関すること）・学習……授業で、英語学習の習慣・学習規律を振り返って考えたり、ICT機器などアプリなどの教材を効果的に活用したりしている。（おもに「自己調整」に関すること）

外国語理解の能力　外国語表現の能力

学びに向かう力、人間性等の個人内評価項目

【学びに向かう力】
○コミュニケーションをよりよく図ろうとする傾聴や質問力
○自分の目標に向かって英語保持・学習規律の習慣
【人間性等】
○相手に関係なく、誰とでも平等に接しようとする思いやりの心
○各レッスンのテーマ（異文化、環境問題など）をもとに、自分の価値観を広げ、深めようとする姿勢

一部を客観的に評価

CAN-DO リスト（第1学年の例）

学年	達成時期	Listening	Reading	Speaking（Interaction）	Speaking（Production）	Writing	学びに向かう力（コミュニケーション・学習）	人間性等（思いやりなど）
1st Grade	後期期末	**L7** スポーツ選手などの生い立ちから、現在に至る経緯を聞いて、その概要を捉えることができる。【概要理解】ヤマ場の課題——教科書モデル ミニテスト—定期テストでの類題	**L8** 身近な環境問題に関するパンフレットの記事を読んだり、書き手の主張やその要点を理解することができる。【要点理解】ヤマ場の課題——教科書モデル ミニテスト—定期テストでの類題		**P3** 自分の大切にしているものについて、プレゼンテーション用のアプリを使いながら、現在に至る過程を英語をもとに選択し、発表することができる。ヤマ場の課題——プレゼンテーション ミニテスト—ヤマ場の課題と同様	**L7** 憧れの人物について、その人の生い立ち、現在に至る実際を英語で、まとまりのある文章を書くことができる。ヤマ場の課題——紹介文 ミニテスト—ヤマ場の人物紹介レポート	社会的問題などの生い立ちに対して、仲間と意見を交わしながら、自分なりの考えを表現しようとしている。L1, L8, P3	日本の環境問題から世界の環境問題に関連を向け、英語で内容を知ろうとしている。L1, L8, P3　プロレスカードの振り返り
	後期中間	**L5** 外国の家庭や学校生活についての短い説明を聞いて、何の話か理解することができる。【要点理解】ヤマ場の課題——教科書モデル ミニテスト—定期テストでの類題	**L5, L6** メールやブログの文章を読んで、形式に応じて読み込み方などを理解することができる。【概要理解】ヤマ場の課題——教科書モデル ミニテスト—定期テストでの類題	**L6** 1年間の自分の思い出に関して、イメージマップをもとに、お互いにインタビューすることができる。ヤマ場の課題——仲間へのインタビュー ミニテスト——インタビューテスト	**P2** 地元の魅力ある場所について、初めて知る人が興味をもつような内容を、簡単なスライドを使って発表できる。ヤマ場の課題——スピーチ発表 ミニテスト—ヤマ場の課題と同様	**P2, L3** 地元の魅力ある場所について、簡単な説明文を書くことができる。ヤマ場の課題——スピーチ原稿 ミニテスト—定期テストでの類題	デキストフォーマットの特徴に気付き、まとまりのある思考ツールを活用し、文章を表現したり、理解したりしようとしている。L5, L6, P2	アメリカの学校生活と日本の学校生活の違いを楽しみながら、ALTと意見交換をしようとしている。L5, L6, P2　プロレスカードの振り返り
	前期期末	**L2** インタビューを聞いて、その人の重要な情報（名前）、できること、できないことなどを聞き取ることができる。【要点理解】ヤマ場の課題——教科書モデル ミニテスト—定期テストでの類題	**L3, L4** 仲間紹介に関する文章を読んで、その要点を示すメモを書くことができる。【要点理解】ヤマ場の課題——教科書モデル ミニテスト—定期テストでの類題	**L2** 相手のことをよく知るための興味、好きなものなどに関する内容について、相手と相互的に簡単なインタビューをすることができる。ヤマ場の課題——仲間へのインタビュー ミニテスト——インタビューテスト		**L3, L4** 自分の友達を紹介する短い文章を書くことができる。ヤマ場の課題——紹介文 ミニテスト—定期テストでの類題	ICT機器のアプリを使って、自分の発表を興味あるものにしようとしている。相手のことをよく知ろうと質問を積極的にしようとしている。L2, L3, L4	インド、スコットランドの異文化に興味をもち、ほかのことについて調べようとしている。L2, L3, L4　プロレスカードの振り返り
	前期中間	**ST/L1** 授業中の先生の指示などの要点を聞き取って、その指示に従うことができる。【要点理解】ヤマ場の課題——教科書モデル ミニテスト—定期テストでの類題	**L1** 自己紹介に関する文章を読んで、そのほか相互内容を理解することができる。【概要理解】ヤマ場の課題——教科書モデル ミニテスト—定期テストでの類題		**L1** 絵や写真を見せながら、自分自身のことについて簡単に説明することができる。ヤマ場の課題——自己紹介の発表 ミニテスト—ヤマ場の課題と同様	**GP1** メモを見ながら、自己紹介する短い文章を書くことができる。ヤマ場の課題——紹介文 ミニテスト—定期テストでの類題	小学校の外国語活動で培ってきたコミュニケーションスキル（ジェスチャーやあいづちなど）を活用し質問をよくしようとしている。ST/L1/GP1	仲間の発表、発言を肯定的に受け止め、コミュニケーションをよりよくしようとしている。ST/L1/GP1　プロレスカードの振り返り

図 11．CAN-DO リスト（第 1 学年の例）

プログレスカード（単元カード）について

◆プログレスカード（単元カード）を活用し，個人内評価を実施

　単元（レッスン）ごとに作成するプログレスカード（単元カード，図13～14）は，CAN-DOリストの到達度目標を単元の内容に準拠して具体化し，生徒に明示するものである。生徒に明示することのメリットは，生徒が学習の見通しをもてることに加え，英語科教員内でも指導目標がブレなくなることである。一部の教師だけが「ヤマ場の課題」に取り組みほかの学級で取り組んでいなければ，生徒たちは公平性を保障されないことになる。また初任の先生が最初から一人で単元計画を作成し実施することはむずかしいが，プログレスカードを拠り所の一つとしてほかの先生方と協力しながら同じ単元の目標や評価課題に向かって授業を進めることが，英語科での同僚性を高めることになる。

　プログレスカードは観点別評価になじまず個人内評価をする「学びに向かう力，人間性等」の一部についても，生徒が目標を立て，振り返りをする項目を設定するため，教師が生徒のがんばりに対して「今日は○○さんが△△さんの発表に対して反応したり，サポートしたりしたことが授業の雰囲気をよくしていました」など，心温まるフィードバックが可能になる。

◆プログレスカードに何を書かせるか（生徒に何を振り返らせるか）

　図12は，プログレスカードに最低限含めたい内容である。A4サイズの両面印刷として生徒に配付したり，またはA3サイズで印刷し，単元ごとのワークシートを挟み込んで冊子になるようにするなど，体裁を工夫するとよい。プログレスカードにより，5領域のどの項目を重点的に評価する単元なのか，そのために必要な評価方法は何なのかを生徒や担当教員間で共有することが可能になる。

【プログレスカード（単元カード，１枚目）】

ⅰ　単元の目標（単元のヤマ場の課題）

ⅱ　「知識及び技能」に関する目標

ⅲ　「思考力，判断力，表現力等」に関する目標

ⅳ　「学びに向かう力，人間性等」に関する目標

【プログレスカード（単元カード，２枚目）】

ⅰ　日々の振り返り　または　ⅱ　単元の振り返り

→　生徒自身が立てた単元の目標と，教師が示した単元の目標を比べながら日々の学習または単元の学習に対して振り返るようにする。

（「学びに向かう力，人間性等」の個人内評価）

＊担当学級数や学校の実態に応じて，日々の振り返りに対してコメントするか，単元の振り返りに対してのみコメントするかなどを検討し，生徒のがんばりに対して確実にフィードバックできる無理のない形式にする。

図12．プログレスカード（単元カード）の必須項目

単元の振り返り（自分の成長を言葉にしよう）

単元の目標＜ゴール＞とテーマに対する振り返り

地域文化に関することについて、表、グラフなどの数値をもとに説明することができる。

[このレッスンで学んでほしいテーマ]
・グループで協力して表などのプレゼンを作成
[このレッスンで身に付けてほしい学び方]
・比較する表現を視覚的に伝えるICTアプリの選択

…に関する振り返り

①レッスンの目標達成のために英語学習、コミュニケーションで工夫したこと
②仲間との関わり（思いやり、協力）で成長したこと

[1時間目]
[2時間目]
[3時間目]
[4時間目]
[5時間目]
[6時間目]
[7時間目]
[8時間目]
[9時間目]
[10時間目]
[　時間目]
[　時間目]

[単元を振り返った私の成長]

図14. プログレスカード（単元カード）の裏面

Progress Card ―あなたと英語学習との架け橋―

Lesson 5　Things to Do in Japan
Class　　　　Number　　　　Name

1　単元の目標＜ゴール＞

○自分の日常生活に関することについて、表、グラフなどの数値をもとに説明することができる。

2　身に付けたい知識及び技能

※自己評価は、ABC評価

	身に付けたい具体的な姿	自己評価
文法	[比較級][最上級][同等比較] の形を理解できる。またコミュニケーションの場面に応じて、短文で話したり書いたりすることができる。	
語彙	[レッスンの新しい単語] □授業で配付する単語リスト表 □「比べるときに使う単語　compare, on the list, more – than, as … as …」など □「数を表す単語　eight of the students, a couple of the students」など	
発音	[教科書の音読] 新出単語の発音を予想して読んだり、デジタル教科書のような発音を意識したりして読むことができる。	

3　高めたい思考力、判断力、表現力等

技能	身に付けたい具体的な姿	自己評価の場面	自己評価
話す speaking	地域文化に関することについて、表、グラフなどの数値をもとに説明することができる。	表、グラフなどのスピーキングテスト	

4　高めたい学びに向かう力、人間性等

[○○中学校が育成する資質・能力]
表現する力……自分の考えを選んで表現する力
考える力……自分の考えと仲間の考えを比べ、関係付ける力
協調性……仲間と助け合い、協力しようとする力

[このレッスンで学ぶテーマ]
・グループで協力して表などのプレゼン作成
・比較する表現を視覚的に伝えるICTアプリの選択

①このレッスンの目標達成のために、どのように英語の学び方を工夫しますか？

②このレッスンで仲間との関わり（思いやり、協力など）で何を大切にしたいですか？

図13. プログレスカード（単元カード）の表面

評価の流れ①——評価材料を収集する

　単元ごとにどのような評価材料を収集し，どのように評定を算出すればよいか，前頁で示した「プログレスカード・Lesson 5 Things to Do in Japan（三省堂，『NEW CROWN』，2年生）」の単元を例に説明する。この単元で目標とする言語材料は「比較級・最上級・同等比較級」で，単元のおもな内容は「外国人への日本文化紹介」である。教科書の本文では，登場人物たちが，姉妹校の学生たちとの交流会に向けて事前にとった日本文化に関するアンケートを話題にしている。

（1）評価基準（ルーブリック）を設定・共有し，評価計画を作成する

　この単元の「ヤマ場の課題」は，下記の「高めたい思考力，判断力，表現力等」から，「ALTの先生に地域文化に興味をもってもらうために，グラフ，図などの数値をもとに，どのように説明するか」を設定した。単元のはじめにALTから地元の地域文化を知りたいニーズなどを話してもらうと，コミュニケーションの「目的や場面，状況」がより明確になる。

3　高めたい思考力，判断力，表現力等			
技能	身に付けたい具体的な姿	自己評価の場面	自己評価
話す speaking	地域文化に関することについて，表，グラフなどの数値をもとに説明することができる。	表，グラフの説明 スピーキングテスト	

　「ヤマ場の課題」は，「話すこと［発表］」を対象にしている。「ヤマ場の課題」で生徒たちが事前に実施したアンケートをもとに，地元の地域文化についてALTに発表をする。教師間で単元の生徒のゴールの姿として評価基準（ルーブリック）を設定・共有し，見通しを立てるようにする。

　教師間で評価基準（ルーブリック）を作成する際は，以下の手順にするとよい。

（ⅰ）自校の生徒の実態に応じながら，教科書の単元で生徒にいちばん取り組ませたい内容をパフォーマンスを伴う「ヤマ場の課題」として設定

（ⅱ）教師間で「ヤマ場の課題」の評価基準を設定する。パフォーマンス（例：話すこと［発表］）として，発表をどのように展開していくかの「構成」（organization），発表をまとまりのある文章でどのようにまとめていくかの「内容」（content），そして，単元でおもに学ぶ言語材料をどのように習得させ，活用させていくかの「言語」（language）の「構成」「内容」「言語」の三つの点から評価基準を設定する。また，「話すこと［発表］」のストラテジーを技能としてできているかについても評価項目として一体的に評価する。

（ⅲ）「ヤマ場の課題」の評価基準を生徒と共有し，生徒が「評価基準」をもとに，課題に取り組めるようにする。

（ⅳ）「ヤマ場の課題」の評価基準に準じて，「ミニテスト」で生徒の「思考・判断・表現」を評価する。

評価基準を設定したら，評価計画を作成する。評価計画の形式は各学校の実態に応じて簡略化したり，より組織的に作成したりするとよい。（図16, pp48-51）の例は，必要な項目を中心に示したものである。

(2) 評価計画をもとに，「ヤマ場の課題」と「ミニテスト」を実施する

単元を実際に進めるなかで，「ヤマ場の課題」での生徒のパフォーマンスレベルを把握しながら，「ミニテスト」の内容や難易度を調整する。「ミニテスト」は毎回の単元で実施せず，学期ごとに１～２回に絞って計画・実施する。

(3) 単元の内容に準拠した問題を組み合わせた「定期テスト」を実施する

単元の「ヤマ場の課題」に準じた「定期テスト」の問題を作成する。「書くこと」については，単元の目標の言語材料である「比較級」「最上級」「同等比較級」に関する正確さを測る問題を出題する。さらに「ヤマ場の課題」に関連して，「書くこと」の表現内容の適切さを測るために，プレゼンテーションの原稿をまとまりのある内容で書く問題も出題する。

以下に「聞くこと」「読むこと」について，「話すこと［発表］」で扱った内容に準じたものや，教科書の長文の題材に準じた問題内容の例を示す（図15）。

「聞くこと」	
評価観点	問題内容（例）
知識・技能	・「比較級」「最上級」「同等比較級」を使用した１文，または「Ａ→Ｂ→Ａ」程度の短い会話文の聞き取り →教科書で扱った「聞くこと」のタスクに準じながら作成する
思考・判断・表現	・視覚資料を活用したまとまりのあるプレゼンテーションや対話文の聞き取り →「目的，場面，状況」のあるプレゼンテーションを聞き取る問題を作成する

「読むこと」	
評価観点	問題内容（例）
知識・技能	・「比較級」「最上級」「同等比較級」を使用した１文，または「Ａ→Ｂ→Ａ」程度の短い会話文の読み取り →教科書で扱った「言語材料」や短い会話文に準じながら作成する
思考・判断・表現	・「ヤマ場の課題」とパラレルな内容で，視覚資料を活用したまとまりのあるプレゼンテーションや対話文の文章の読み取り →視覚資料をもとにした説明文章を作成し，概要，要点，必要な情報などを読み取る問題を作成する

図15.「聞くこと」「読むこと」の「定期テスト」の問題内容の例

Lesson 5の評価計画について

（1）評価領域

「話すこと［発表］」

（2）評価対象

観点	方法	内容
知識・技能	ミニテスト	状況を比較表現１文で表現
思考・判断・表現	ミニテスト	発表構成・発表内容・発表言語・ストラテジー（技能面）
主体的に学習に取り組む態度	ヤマ場の課題	視覚資料を用いた説明の仕方（ストラテジーを身に付けようとする過程の振り返り）
	提出物	授業ワークシート，宿題

（3）評価実施日

①ヤマ場の課題……グループ発表及びALTへ代表生徒が発表　２年○組○月○日
②ミニテスト……タブレットに録画　２年○組○月○日

（4）めざす生徒の姿

①発表原稿（例）──「構成」「内容」「言語」

構成・内容	言語
Opening 　資料の説明	Hello. This table compares some popular festivals in Niigata City.
Body ・資料の数値の比較 （比較級，最上級） ・ALTへのおすすめ ・理由	Niigata So Odori is the most popular festival on the list. Kambara Festival is more popular than Niigata Festival. I think Niigata So Odori is the most exciting festival for you. This festival is for dancing. Many dancers perform traditional dancing each other. You can touch the tradition of dancing in Niigata.
Closing 　一言	Let's enjoy many festivals in Niigata City. Why don't you join them? Thank you for listening.

②作成スライド　タブレット端末で作成（例）

Rankings Popular Festivals in Niigata City	
1	Niigata So Odori
2	Kambara Festival
3	Niigata Festival

Traditional Dancing!

図16-1．Lesson 5の評価計画について

（5）評価課題と評価基準（ルーブリック）

> **ヤマ場の課題:**
> グループ発表およびALTへ代表生徒が発表　タブレット端末とスライドで発表

視覚資料を用いた説明を工夫しようとするパフォーマンス動画の提出（スピーキングストラテジーを身に付けようとする過程の振り返り）

［評価基準（ルーブリック）］

	A	B
主体的に学習に取り組む態度 ・動画データ ・振り返り	☐ 英語の説明を補足する視覚資料を示しながら説明しようとする練習動画を提出できている。 ☐ 視覚資料を用いた練習の振り返りと視覚資料を活用する説明のよさの両方の振り返り項目を書けている。	☐ 視覚資料を用いた発表を説明しようとしている。 ☐ 振り返り項目のどちらかを書けている。

参考：生徒が提出する自己評価（動画データと振り返り）のイメージ（A評価の例）

視覚資料を活用して説明をよりわかりやすく伝えることにトライ

Step1　モデル動画のように，スライドを指差しながら，何回も個人練習やペアチェックで練習しましょう。

Niigata So Odori is the most popular festival on the list. Kambara Festival is more popular than Niigata Festival. I think Niigata So Odori is the most exciting festival for you. This festival is for dancing. Many dancers perfume traditional dancing each other. You can touch the tradition of dancing in Niigata.

Rankings
Popular Festivals in Niigata City

1	Niigata So Odori
2	Kambara Festival
3	Niigata Festival

Traditional Dancing!

Step2　タブレット型端末でモデル動画と同じようにあなたの発表を録画しましょう。また，何回も練習して，「視覚資料を活用して説明をよりわかりやすく伝えること」のよさについて振り返りをしましょう。動画データも提出してください。

【振り返り】
①モデル動画と比較した自分の出来映え
[A ⓑ C]

B評価の理由は，モデル動画のように，原稿を見ないで，スライドを指差しながら，説明ができなかったからです。スライドを指差しながら，聞き手のほうにはアイコンタクトを取るようにしたいです。

②視覚資料を活用する説明のよさで気付いたことは何か？

聞き手にとって，説明の理解度がまったく変わることです。数字の説明は，言葉だけだととてもわかりにくいです。しかし，スライドの視覚情報を使いながら説明することで，伝えたいことが相手に伝わりやすくなると気付きました。

図16-2

Step1　次の状況を生徒に説明する。

【問題】　あなたはA中学校の生徒です。アメリカにあるA中学校の生徒が，来週，新潟市を訪問することになりました。生徒たちは「新潟市の人気のある食べ物」について知りたがっています。あなたは事前にインターネットで調べたランキングをもとに，プレゼンテーションをします。表をもとにプレゼンテーションをしなさい。

・表の説明（1文）
・表の数値の比較（2文以上）
・数値に対するあなたの考え（1文）

> 単元における重要表現のみに焦点を当てる（ダウンサイズ）

Step2　次の「知識・技能」用の評価のカードと「思考・判断・表現」の評価用のカードを順番に提示する。

① 「知識・技能」——カードを見せながら，生徒に次のように問い，表について1文で説明させる。

"Please explain this graph."
"What is the most favorite food in this graph?"

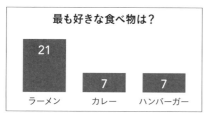

最も好きな食べ物は？

| 21 | 7 | 7 |
| ラーメン | カレー | ハンバーガー |

② 「思考・判断・表現」——次のカードを渡し，30秒考える時間を与える。その後，カードを使って説明させる。

Rankings Popular Food in Niigata City		Number of people
1	Sushi	30
2	Soba	20
3	Fruits	20

図 16-3

[評価基準（ルーブリック）]

知識・技能

・比較表現	A	B
	Ramen is the most favorite food in this graph. と説明できている。	冠詞や前置詞の抜け落ちはあるが意味の通る内容で説明できている。

思考・判断・表現

	A	B
・構成 ・内容 ・言語 ・ストラテジー	☐　Opening, Body, Closing の三つのすべての「構成」を説明している。	☐　Opening, Body, Closing の三つの「構成」のうち二つを説明している。
	☐　三つのすべての「構成」の内容を説明している。 ・表の説明（１文） ・表の数値の比較（２文以上） ・数値に対する考え（１文）	☐　三つの「構成」のうち二つの内容を説明している。 ・表の説明（１文） ・表の数値の比較（２文以上） ・数値に対する考え（１文）
	☐　三つのすべての「構成」の内容を適切に表す表現を用いている。 ・表の説明 　○○ compares 〜 ・表の数値の比較 　○○ is the most 〜 　○○ is more …… than 〜 　○○ is as …… as 〜 ・数値に対する考え 　I think 〜	☐　三つの「構成」の内容のうち二つの内容を適切に表す表現を用いている。
	☐　表の数値のそれぞれの説明に合わせながら，スライドを指差し，説明できている。	☐　表の数値のいくつかの説明に合わせて，スライドを指差し，説明できている。

図 16-4

評価の流れ②——評定（分析評定・総合評定）を算出する

　評価材料を評定シートに入力すると，図17のようになる。

　まず①の「知識・技能」のブロックには「ミニテスト」と「定期テスト」での「知識」と「技能」の評価から，問題別の素点を入力する。

　次に②の「思考・判断・表現」のブロックには「定期テスト」と「ミニテスト」の評価を入力する。「ミニテスト」については，達成度を「A＝3」「B＝2」「C＝1」に変換して素点を入力する。

　③の「主体的に学習に取り組む態度」の内容は，学校の実態や生徒の実態に応じて柔軟に設定する。「授業課題や振り返りの取り組み」とあるが，おもに単元の学習課題（ヤマ場の課題）に関するワークシートなどを意味している。学校で生徒の学習習慣を身に付けることに特化しているならば，英語の授業での課題提出を「自己調整」の改善ができているかという視点で加算する。

　単元で取り扱う素点の入力ができたら，最後に「重み付け」を行い，評定の算出を行う。④では，例えば「思考・判断・表現」の各評価材料を同じ割合で扱っていない。先ほどの「定期テスト」と「ミニテスト」の得点は，「ミニテスト」に重きをおいていることから，「ミニテスト」の重み付けを上げて，重み付けの割合の合計が100点になるようにする。こうすることで，「思考・判断・表現」のなかで特に重点をおいて指導した項目を高く評価することができる。

　最後に⑤のように，観点ごとの合計割合で「A＝80％」「B＝51％以上」「C＝50％以下」という基準を設定し，ABCを算出する。基準は学校，生徒の実態に応じて設定する。

　以上のことを各単元でまとめ，学期ごとや学年末の評定の算出を行う。なお上記はあくまで単元の評定の算出方法であり，学期ごとの評定を算出する場面では，学期ごとの「定期テスト」の内容が明確であるならば，「定期テスト」の評価材料の素点入力は問題別で入力せず，「知識」「技能」「思考・判断・表現」でまとめることも可能である。そして「ミニテスト」や日々の提出課題などの評価材料と比べながら「重み付け」をし，学期末や学年末における観点ごとの評定（「観点別学習状況」の成績）を算出する。

図17. 評定シート

評定シート（図17）

生徒情報

NO	組	番	名前
101	1	1	伊藤大輔
102	1	2	加藤健太
103	1	3	関口彩香

① 単元の各素点

項目	領域	観点	重み付け(%)	満点	伊藤大輔	加藤健太	関口彩香
定期テスト 一文の聞き取り	聞く	技能	6	6	6	4	2
定期テスト 一文の読解	読む	技能	6	6	6	3	4
定期テスト 比較表現基礎	書く	知識	8	8	8	5	2
定期テスト 比較表現応用	書く	技能	8	8	7	5	3
ミニテスト グラフの一文説明	話す 発表	技能	3	3	3	2	1
定期テスト プレゼン聞き取り	聞く	思判表	8	12	12	9	5
定期テスト グラフ説明文章	読む	思判表	8	12	12	9	5
定期テスト 表の説明原稿	書く	思判表	8	8	7	7	6
ミニテスト 発表	話す 発表	思判表	3	3	3	3	2
発表の動画データと振り返り	話す 発表	主体	3	3	3	3	2
授業課題や振り返りの取り組み	提出	主体	3	3	3	2	1
ノートワークの取り組み	提出	主体	3	3	3	3	3

② 単元における重み付け

項目	領域	観点	満点	満点	伊藤大輔	加藤健太	関口彩香
定期テスト 一文の聞き取り	聞く	技能	15	15	15	10	5
定期テスト 一文の読解	読む	技能	15	15	15	8	10
定期テスト 比較表現基礎		知識	15	15	15	9	4
定期テスト 比較表現応用	書く	技能	25	25	22	16	9
ミニテスト グラフの一文説明	話す 発表	技能	30	30	30	20	10
知識・技能		合計	100	100	97	63	38
定期テスト プレゼン聞き取り	聞く	思判表	20	20	20	15	8
定期テスト グラフ説明文章	読む	思判表	20	20	20	15	8
定期テスト 表の説明原稿	書く	思判表	20	20	18	18	15
ミニテスト 発表	話す 発表	思判表	40	40	40	40	27
思考・判断・表現		合計	100	100	98	88	58
発表の動画データと振り返り	話す 発表	主体	40	40	40	40	27
授業課題や振り返りの取り組み	提出	主体	40	40	40	27	20
ノートワークの取り組み	提出	主体	20	20	20	20	13
主体的に学習に取り組む態度		合計	100	100	100	87	60

③ 換算点・評定

項目	観点	満点	満点	伊藤大輔	加藤健太	関口彩香
知識・技能	換算点	100	100	97	63	38
思考・判断・表現	換算点	100	100	98	88	58
主体的に学習に取り組む態度	換算点	100	100	100	87	60
合計		300 A	300 B	295	238	156
知識・技能	観点	80	50	A	B	C
思考・判断・表現	観点	80	50	A	A	B
主体的に学習に取り組む態度	観点	80	50	A	A	B

53

3 おもに「思考・判断・表現」を見る 評価課題・問題のつくり方

英語の「思考力，判断力，表現力等」とは何か

◆コミュニケーションの「目的や場面，状況」に応じて英語を運用する力

　唐突な質問になるが，読者ご自身が日常の校務のなかで「思考・判断・表現」する場面はどんなものがあるだろうか。筆者が経験した校務での実例をあげる。

> 実例：初任校の４月。慣れない忙しい朝を過ごしている。今日は ALT の担当の日。しかしながら，ALT から朝に突然の電話。「○○先生，ALT の○○先生から電話です。変わってください」。個人的に ALT との電話は初めての体験。しかも，ALT は電話で管理職に休暇に関する問い合わせをしたいようである。どのように対応すればよいだろうか？

　実例では「ALT が求める休暇に関する問い合わせの内容を，管理職に伝えること」が求められている。そのため電話で要望を聞き取る自信がなければ，メールできちんと要望を送るように依頼することも適切な応答になる。

　少し脱線したが，私たち教師の日々の校務のように，英語のコミュニケーションにも必ず「目的や場面，状況」が生じる。そこで求められていることは「英語使用の正確さ」ではなく，「目的や場面，状況」を達成したり解決したりするために必要な「表現内容の適切さ」「概要・要点・必要な情報の理解」である。「知識・技能」＝「正確さ」，「思考・判断・表現」＝「表現内容の適切さ」「概要・要点・必要な情報の理解」という関係になるが，日常の授業で「知識・技能」と「思考・判断・表現」を評価対象とした活動を明確に分けて指導することが必要になってくる。

◆単元を通して「思考力，判断力，表現力等」の発揮を促す

　筆者は新出の言語材料の導入場面では PPP（Presentation-Practice-Production）の手法（表3）を用いてきたが，言語材料の正確な理解を重視するあまり，図18のような活動からなる授業になっていた。活動の多くが Presentation と Practice で構成され，生徒たちが思考，判断，表現する Production の段階に至らない状況になっていたのである。

　英語で行われている新出の言語材料の授業を客観的に分析してみると，１時間の授業で育成している資質・能力が「知識及び技能」に偏り，評価観点についても「知識・技能」しか指導・評価ができない現状になっていることが多い。リーディング（「読むこと」を扱った授業）でも同じようなことが言えるだろう。例えばリーディングの授業で「ペアでの新

表 3. Presentation-Practice-Production （松沢（2002）（2021））

活動の段階	骨　子
Presentation（提示）	教師が新出言語材料を導入し，生徒が理解する段階。
Practice（練習）	生徒が新出言語材料の正確な理解や意味を考えながら相手と会話などをする段階。評価の対象の言葉の長さは１文のレベルか，「A → B → A」程度のやり取りの内容になる。
Production（運用）	「目的や場面，状況」を設定した言語活動において，生徒が新出言語材料を活用してまとまりのあるテキストや文章を理解・産出する段階。評価の対象は，まとまりある文章，やり取りの内容になる。

活　動	三つの評価の観点
(1) Warm Up ——授業に関する単語の復習	単語レベルでのやり取りから，「知識・技能」のおもに「知識」
(2) Presentation ——新出の言語材料の導入（Repetition）	文法の形・意味・用法を知ることから「知識・技能」のおもに「知識」
(3) Practice ①——新出の言語材料の練習（Mechanical Drill）	文法を反復的に練習することから「知識・技能」のおもに「知識」
(4) Practice ②——新出の言語材料を活用し，モデル文の表現を入れ替えるレベルの会話活動（Meaningful Practice）	コミュニケーションの「目的や場面，状況」がなかったり，伝える内容がすでに規定があったりすることから「知識・技能」のおもに「技能」
(5) まとめ——新出の言語材料のまとめ	文法を確認することから「知識・技能」のおもに「知識」

図 18. Production（運用）の段階に至らない授業の例

出単語の理解・練習」「ペアでの本文の１文１文の区切り読み・訳」「ペアでのリテリング」などの本文を正確に読む活動をやっているだけでは，部活動で例えるならば基礎練習＝「知識・技能」しか行っていないことになる。実力を育てるには基礎練習の成果を試すための「練習試合」や「公式試合」を通して，生徒の「思考力，判断力，表現力等」と「学びに向かう力，人間性等」の発揮を促し，「思考・判断・表現」「主体的に学習に取り組む態度」を一つのパフォーマンスのなかで（≒「一体的に」）評価することが必要である。

　だからこそ，単元の指導と評価の計画はこれまで以上に重要になってくる。「ヤマ場の課題」とその力を測る「ミニテスト」「定期テスト」が単元のゴールとして，生徒の「思考・判断・表現」「主体的に学びに向かう態度」を試す Production（運用）の段階となる。そ

してゴールに到達するために言語材料を正確に理解し適切に使いこなせるように，Presentation（導入），Practice（練習）の段階をゴールに向けて逆向きに設定する。

「ヤマ場の課題」の評価課題づくりのポイント

◆何を評価するのか

「思考・判断・表現」の評価課題を作成する際に検討すべきポイントは，コミュニケーションの「目的や場面，状況」をどのように捉え，どのように設定するかである。「場面」と「状況」は似たような関係にあり，筆者はこれまでの実践の経験から「目的」と「場面，状況」を下記のように使い分けている。

①コミュニケーションの「目的」……何のために，何を相手に伝えなければならないのか
②コミュニケーションの「場面，状況」……パフォーマンスは，いつ，どこで，だれに，どのように行われるのか

◆要素①　コミュニケーションの「目的」

コミュニケーションの「目的」は，コミュニケーションを何のためにするのかを明確にするだけではなく，何の内容を伝えなければならないかを考えることを促すものでなければならない。生徒が自ら伝えたい内容を，おもにその単元で扱った「知識・技能」に関する言語材料をベースに表現することが望ましい。単元を通して，特定のコミュニケーション（視覚的資料を活用したプレゼンテーション，地元の駅前での道案内，ALT への地元の名産品紹介など）の目的を達成するために必要な表現内容を繰り返し指導する。

例えば 2 年生「give A B」「call A B」などの文型がおもな言語材料の単元で，「ALTへの地元の名産品の紹介」を「ヤマ場の課題」として設定する。課題の「目的」をより明確にするために，「他地区の ALT の先生に勤務地区の名産品を詳しく紹介したい ALT の先生に対して，あなたがお薦めする名産品を詳しく紹介しましょう」と追記する。

「目的」を達成するために生徒たちは前単元で学習した「不定詞」などを想起しながら，図 19 のような表現内容を考えるだろう。生徒が何のために相手に何を伝えなければならないか考えることを助ける，「目的」の設定がポイントになる。「目的」の明確化によって生徒はコミュニケーションの見通しを立て始め，それを達成するために伝えたい内容と英語表現の組み合わせ（図 19 の網掛け箇所）をするところに英語の思考回路を働かせるので，「構成（organization）」「内容（content）」「言語（language）」などの要素を含めた表現内容を期待できる。

生徒の実態によっては足場がけとして，必ず伝えなければならない表現内容を事前に提示することも必要である。生徒が伝えたい内容をもったうえで，言語の選択を委ねることが大切である。すべて自由に考えさせるばかりに，大切な「構成」「内容」「言語」を教える時間を取れないことは避けねばならない。コミュニケーションの「目的や場面，状況」が明確ななかで少しずつ足場がけを外しながら，生徒が自らどのような話の展開（「構成」

○「ヤマ場の課題」

【課題】　他地区の ALT の先生に勤務地区の名産品を詳しく紹介したい ALT の先生に対して，あなたがおすすめする名産品を詳しく紹介しましょう。

○目的を達成するために生徒が考える表現内容

構成・内容	言　語
Opening 　名産品の名前	Look at this. We call this Japanese paper "Minami Washi."
Body 　名産品の特徴 　　使用用途 　　他地区にない	It is traditional and colorful Japanese paper. You can use this paper as an ornament to make your room very comfortable. It is not expensive. You can buy it at some shops in Minami Ward. Minami Ward is very famous for this Minami Washi.
Closing 　おすすめの一言	Your friend will love it. I recommend you to buy it.

図 19.　目的を達成するために伝えたい内容と英語表現の組み合わせ

で，どのように文と文のつながり（「内容」）を意識して，そして，どのような英語の表現（「言語」）で伝えればいいか思考し，判断し，表現できるように支援したい。授業で一番盛り上がる場面は，生徒一人一人の独自性が発揮されているときである。普段発言しない生徒がほかの生徒が考えつかない表現をしたときに，教師が取り上げ，全体に共有することが，その生徒の自信にもつながることは間違いない。

◆要素②　コミュニケーションの「場面，状況」

　コミュニケーションの「場面，状況」の設定は，生徒がパフォーマンスをいつ，どこで，誰に，どのように行うかを明確にすることである。例えば「英語スピーチ発表会」ならば，「学級全員の前で発表なのか」「6人グループの前で発表なのか」というように，どこで実施するかで，生徒に対する「アイコンタクトの取り方」の指導も大きく変わってくる。

　ほかにも「1月に地元○○大学の留学生とオンラインでグループごとに交流会」ならば，「そもそもなぜ○○大学の留学生と交流をしなければならないか」という，生徒とのつながりを文脈（context）として明確にしなければならない。例えば「留学生が日本の新年や冬の生活文化に興味があることから，中学生から教えてもらいたい」という「状況」を設定することで，生徒とのつながりが生まれる。また「1月」という季節の設定があることで，生徒たちにとって「外国と日本の冬での生活の違い」「外国と日本の新年，お正月の過ごし方の違い」など文化の違い（culture）が，会話の内容に影響を与える。さらに，「オンライン」と「グループごとに交流会」というコミュニケーションの手段が限定され

ることで，オンラインのアプリで使える「画面共有」の機能で何を資料として活用できるか考えるようになる。またオンラインでは一人一人しか発言ができないことから，グループで担当をどのように割り振るかなどを意識させて，生徒たちがコミュニケーションを成立させるために必要なコミュニケーションの工夫を促すのである。

　以上の「場面，状況」の明確化は，表現内容をより豊かにするために必要な，コミュニケーションのストラテジーを明確化することにつながる。コミュニケーションをよりよくしようとする行動は「主体的に学習に取り組む態度」として，指導と評価の対象になる。

◆どのように「目的」「場面，状況」を組み合わせるか
　「ヤマ場の課題」は，コミュケーションの「目的」は何か，「場面，状況」は何かを明確にして，提示する（図20）。生徒が課題を提示されたときに，「目的」をよりよく達成する見通しを自然と立てられるようにめざしたい。見通しに必要なものは，文脈（context），文化（culture），手段（means）やテキストの容れ物（text format）などの要素に加えて，表現内容に当たる「構成（organization）」「内容（content）」「言語（language）」などがある（図21）。生徒の興味を引き出すものがコミュニケーションの「目的（タスクのゴール）」で，生徒がテキストタイプ（テキストのジャンル）に特有の「構成」「内容」「言語」を身に付けるきっかけになるものがコミュニケーションの「場面，状況（タスクの文脈）」

【コミュニケーションの目的】
　日本に来たばかりの ALT が地元○○地区の夏のイベントに興味があることに対して，生徒たちがおすすめの夏のイベントをプレゼンテーションする。

【コミュニケーションの場面，状況】
○ ALT はどこの国の出身？　→ ALT の地元ではどんな夏のイベントがあるか？
○ ALT はどんなニーズがあるか？　→ ALT は夏のイベントを通して何を体験したいか？
○紹介する夏のイベントの範囲は？　→町内会の祭りなどのイベントも可能か？
【見通し】
○発表の方法は？　→ 30 人全員が発表できるようにするには？　→何の学習ソフト，アプリを活用するか？
○１人の発表の量はどれくらいか？　→英文のモデルは？
○イベントを説明する言語材料は？　→教科書中で活用できる重要表現は？

↓

【コミュニケーションのストラテジーの決定】
○プレゼンテーション用の学習アプリを活用して，１枚の写真に対して，生徒たちが事前に音声録画をし，プレゼンテーションを作成する。
・ALT が理解しやすいように，写真の説明している箇所をわかるようにしている（例：マーカー，矢印の活用など）。
・ALT が聞き取りやすいように，音声に抑揚を付けて，わかりやすく伝えようとしている。

図20.「目的や場面，状況」を明確に設定した「ヤマ場の課題」

であることを理解しながら教材研究を進めたい。

【問題】　あなたは来月12月に行われる，小学6年生の入学体験の「英語」の授業で紹介する「○○中学校の学校生活」を担当します。6年生に内容が伝わり，中学校生活に興味をもってもらえるように，1枚の写真と生徒の活動の様子を説明するスライドを作成し，説明を音声録画して，プレゼンテーションを完成させなさい。

◆「目的」は？
・来年度入学予定の小学6年生が中学校生活に興味をもてるように発表用のプレゼンテーションを作成する。

◆「場面，状況」は？
・入学体験の「英語」の授業。
・音声を加えたプレゼンテーションを作成すること。
・担当の先生が生徒たちが作成したプレゼンテーションを6年生に見せること。

◆ 生徒が立てる見通し

【文脈】
生徒が後輩である小学6年生に中学校生活を英語でプレゼンテーションする
【文化】
日本の学校生活

構成・内容	言　語
Opening 何の行事か	Look at this picture. This is a picture of our sports day.
Body 　写真で何をしているか 　行事の特徴は何か	We are dancing together. I am in the picture. I am wearing a costume and dancing "Soran Bushi" dance. We have many sports events and special events at our sports day.
Closing 　おすすめの一言	Everyone likes this sports event very much. Let's enjoy this event next year!

図21.「ヤマ場の課題」の例

「ミニテスト」の評価課題・評価問題づくりのポイント

◆何を評価するのか

　単元の学習内容や取り扱う領域によっては，「ヤマ場の課題」だけでは生徒の「思考・判断・表現」を十分に評価できないことがある。いちばんの課題は，評価の公平性，妥当性, 信頼性をどう担保するかである。例えば「話すこと［発表］」において「ヤマ場の課題」が「ALT に○○市の観光名所をプレゼンテーションする」であったならば，プレゼンテーションの成果物や成果物を製作するまでの取り組みの過程で「思考・判断・表現」や「主体的に学習に取り組む態度」を評価することは一見可能だが，生徒一人一人に本当に「思考・判断・表現」が身に付いているかどうかは判断しきれない。なぜならば事前準備する段階で生徒はタブレット型端末や辞書，級友の助けなどを活用し，表現や発表方法を調べることができるからである。また，むずかしい発表内容にチャレンジした生徒にとっては，成果物がかえって満足がいかないものとなり，簡単なものを選んだ生徒のほうが評価が高くなるということもある。

　評価の公平性，妥当性, 信頼性を担保するために，生徒が単元に主体的に取り組み英語の力を身に付ける「ヤマ場の課題」と，英語の力が確かに身に付いたかどうかを確認するための「ミニテスト」「定期テスト」をうまく使い分けていく必要がある。単元デザインを行なっていくなかで「ヤマ場の課題」ではカバーしきれない評価内容を,「ミニテスト」または「定期テスト」でフォローする。

◆どのように評価するのか

　「ミニテスト」「定期テスト」の評価課題・評価問題は，「ヤマ場の課題」をダウンサイズしたものやパラレルな内容にしたものを設定する。例えば「ヤマ場の課題」で「ALTはこの冬休みにさまざまな日本のお正月の過ごした方を体験したようです。どのようなことをしたかをインタビューしたり，あなたのお正月の過ごし方を伝えたりしましょう」という課題を設定した場合，単元の言語材料（例：過去形）を活用させながら，ALT に「何をしたか」「どのような体験であったか」「いつ，どこでしたか」「何を学んだか」など具体的に質問していくやり取りの「構成」「内容」「言語」を指導することができる。

　「ミニテスト」で「あなたは留学生の友達に日本での１年間の思い出についてインタビューすることになりました。カードを引き,「春の思い出」「夏の思い出」「秋の思い出」「冬の思い出」のどれかをテーマに，相手が何をしたかを具体的にインタビューしなさい」と設定することで，条件指定などを明確化でき，評価者が迷わずにテストを実施できる。「ヤマ場の課題」で学んだ表現内容（「構成」「内容」「言語」など）をインタビューで即興的にできているかを公平に問うことができる。教師が留学生役を演じながら生徒が具体的に質問をするやり取りができるかを，１〜２時間の授業時数で評価できる。「話すこと［発表］」や「話すこと［やり取り］」のコミュニケーションの発信型の領域は「定期テスト」で扱いづらく,「ミニテスト」で評価していくことが望ましい。

「定期テスト」の評価問題づくりのポイント

◆何を評価するのか

　「思考・判断・表現」は，生徒が 1 文レベルではなく，複数からなるまとまりある文章，「A → B → A → B →……」と長いやり取りで表現したり，まとまりある文章を理解したりする Production（運用）の段階レベルを評価することになる（表 4）。「定期テスト」では，おもに「聞くこと」「読むこと」「書くこと」を「ヤマ場の課題」の内容に準じながら作成することになる。「ヤマ場の課題」で指導したテキストの特徴（「構成」「内容」「言語」）を大切にしながら，内容をダウンサイズしたものを課すようにしたい。また問題作成においては，コミュニケーションの「目的や場面，状況」を設定する。参考資料（国立教育政策研究所，2020）の「領域別の目標」及び「内容のまとまりごとの評価規準」を参考にしながら，「聞くこと」は「（中略）文章を聞いて必要な情報や概要，要点を捉えている」，「読むこと」は「（中略）文章を読んで，必要な情報や概要，要点を捉えている」，「書くこと」は「（中略）事実や自分の考え，気持ちなどを簡単な語句や文を用いて，書いている」という規準を意識して作成する。

表 4．Presentation-Practice-Production（松沢（2002）（2021））

Production（運用）「目的や場面，状況」を設定した言語活動において，生徒が新出言語材料を活用してまとまりのあるテキストや文章を理解・産出する段階	「目的や場面，状況」が設定された言語活動において，新出の言語材料をもとに，生徒が複数からなるまとまりある文章，「A → B → A → B →……」と長いやり取りで表現したり，まとまりのある文章を理解したりするレベル	思考・判断・表現

◆どのように評価するのか①

　もし仮に「不定詞」の言語材料を学習する単元で，「ヤマ場の課題」が「My Dream」というテーマであった場合，例えば図 22 ～ 24（pp62-63）のような「定期テスト」の問題を作成することが考えられる。

【問題】 これから，健（Ken）が英語の授業で行ったスピーチを放送します。あなたは，スピーチを聞きながら，スピーチの内容をメモでまとめます。次の①〜④を埋めて，メモを日本語で完成させなさい。

構　成	内　容
夢	花火師になりたい。
理由一つ目	花火は，（　　　　　　　①　　　　　　　）。
理由二つ目	花火師は，（　　②　　）と科学を（　　③　　）。
まとめ	（　　④　　）と共に，（　　⑤　　）で世界中を明るく照らしたい。

[スピーチ原稿]

　　I want to be a fireworks artist. I have two reasons for this dream.
First, fireworks make people happy. Seeing people smile would be the best reward for me.
　　Second, being a fireworks artist combines art and science. I love learning about the chemistry behind colorful explosions.
　　In short, becoming a fireworks artist is not just a job. It's a way to bring joy and create memories. With my passion, I want to light up the world with my fireworks.
　　Thank you for listening.

図 22.「思考・判断・表現」のテスト問題例（聞くこと）

【問題】 健（Ken）は，英語の時間にスピーチをすることになりました。事前に内容をまとめるためのメモを書きました。あなたは健になり，目の前に聴き手がいることを意識した展開になるように，発表原稿を作成しなさい。なお，メモの内容に合うように 6 文で完成させなさい。Hello. I am Ken. の後に続けて書くこと。

【メモ】
□なりたい夢：歌手 (singer) になりたい。
□理由は二つある：
・理由一つ目……歌 (singing) に興味がある。
・理由二つ目……自分の歌 (my song) をつくりたい。
□まとめ：
・私は夢を叶えるために一生懸命歌の練習をしたい。

図 23.「思考・判断・表現」のテスト問題例（書くこと）

【問題】　次はタカシの「将来の夢」について書いた英語のスピーチの文章です。文章を読んで，次の（1）〜（3）の問題に答えなさい。

My Dream　　　　　　　　　　　Tanaka Takashi

　I want to be a fisher. Why do I want to be a fisher?

　First, I like to eat fresh fish. Fresh fish is very delicious. Fresh food is important for our everyday lives and health. I want to get fresh fish for everyone.

　Next, I am interested in technology. It is difficult for fishers to get fish without monitors. With monitors, fishers can get fish. I want to learn technology to improve fishing.

　Finally, I want to cook delicious fish to everyone. People will be happy when they eat delicious fish.

　That is why, ア <u>with fishing, I can combine fish, technology, and my wish.</u> Fishing is an ideal job for me.

（注）fisher 漁師, technology 科学技術, without 〜なしに, monitor（魚を捕まえるための）モニター・画面, fishing 漁, finally 最後に, wish 願い

（1）タカシが漁師になりたい理由をまとめたメモを完成させなさい。

①（　　　　　　　　）が好き。
②科学技術に（　　　　　　　　）。
③人々のために美味しい魚を（　　　　　　　　）。

（2）下線部アを日本語に訳しなさい。

（3）あなたはスピーチのあとに，タカシのスピーチの内容に関連させたコメントをします。次のコメントのなかで，タカシのスピーチの内容に合っていないものを一つ選び，記号で答えなさい。

　ア I think it is important for us to eat fresh food.

　イ I think it is easy for fihsers to get fish without technology.

　ウ I think you have three good reasons to be a fisher.

図 24.「思考・判断・表現」のテスト問題例（読むこと）

◆どのように評価するのか②

「比較表現」の言語材料を学習する単元で,「ヤマ場の課題」が「視覚的資料を活用した プレゼンテーション」であった場合,図25の「読むこと」や図26の「書くこと」のような「定期テスト」の問題を作成する。

【問題】 次は来月みどり中学校に訪れるアメリカのクラウン高校の Mark 先生から,中学生の Ken に届いたメールです。Ken は事前に「日本で体験したい文化活動は何か？」のアンケートのお願いをしました。結果について Mark 先生からの返信メールを読み,次の(1)～(5)に答えなさい。

From:	Crown High School
To:	Midori Junior High School
Subject:	I at the Party

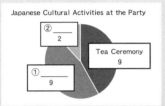

Japanese Cultural Activities at the Party

Dear students and teachers at Midori Junior High School,

Thank you for offering us some choices of "Japanese Cultural Activities" at the welcome party. We chose kimono activity, tea ceremony, karate, judo, Japanese drum, and bon-dancing. Everybody in my class answered your question.

Look at this graph. ア <u>Nine of my students like the tea ceremony the best.</u> They think tea ceremonies are the most interesting thing in Japanese culture. They want to learn about the history of tea ceremonies. They also want to wear kimonos when they experience some tea ceremonies.

Judo is as popular as tea ceremonies. Another nine students chose this activity. Many students think judo is one of the most interesting traditional Japanese sports in Japan.

A couple of my students chose the Japanese drum. These students are interested in traditional Japanese music. They think playing the Japanese drum is cool.

In short, for our class, イ <u>these three activities are more interesting than other activities.</u> I hope this information helps when you organize the welcome party. We look forward to seeing you soon.

All the best,

Mark Smith

(注) tea ceremony 茶道, Japanese drum 和太鼓, bon-dancing 盆踊り, experience ～を経験する

(1) 本文の　Ⅰ　に入るメールの題名としてふさわしい単語を本文中から 3 語で抜き出して書きなさい。

(2) 本文の内容をもとに，グラフの①，②に当てはまるものを次のア〜オから一つ選び，記号で答えなさい。

　　ア kimono activity　イ karate　ウ judo　エ Japanese drum　オ bon-dancing

(3) 下線部アについて，tea ceremony を選んだ生徒たちは何をしたいと考えていますか。次のア〜ウから適切なものを一つ選び，記号で答えなさい。

　　ア They want to drink green tea.

　　イ They want to teach their country's history to the Japanese students.

　　ウ They want to wear kimonos when they experience some tea ceremonies.

(4) 下線部イを日本語に訳しなさい。

(5) 次の英文が本文の内容に合っているならば○を，間違っているならば×を書きなさい。

　　① Many students think judo is one of the most interesting traditional Japanese sports in Japan.

　　② Many students chose the Japanese drum.

図 25.「思考・判断・表現」のテスト問題例（読むこと）

【問題】　ニュージーランドにあるオークランド中学校の生徒が来年，新潟市を訪問することを予定しています。生徒たちは「人気のある学校行事」について知りたがっています。あなたは，メールで人気のある行事について教えることになりました。下の［内容］の順番を自分なりに考え，英語で 6 文で書きなさい。

Some Popular School Events		Students
1	Sports Festival	17
2	Music Festival	11
3	School Trip	9

［内容］

・結びのあいさつ

・あいさつ

・何の表であるかの説明

・数値に対するあなたの考えの説明

・メールのタイトル

・表の数値についての説明

図 26.「思考・判断・表現」のテスト問題例（書くこと）

【注】生徒の実態に応じて，「構成」「内容」「言語」について，どれだけ思考，判断，表現させるかを考えたい。図 26 の問題の場合，「ヤマ場の課題」を通して，生徒に表を使った説明文を書くことを経験させている。そのため，「構成」「内容」についてはある一定程度，「言語」についてはすべてを思考，判断，表現するように求めている。

4 おもに「知識・技能」を見る評価課題・問題のつくり方

「知識」と「技能」は質的に異なる課題・問題で評価する

はじめに，「知識」と「技能」を測る評価課題・評価問題の内容は異なるという前提を確認したい。国立教育政策研究所（2020）を参照すると，「知識」と「技能」に関して，それぞれの観点に応じた評価課題・評価問題が掲載されている。一問一答形式や空欄補充のような暗記再生型の評価課題・評価問題は扱われておらず，コミュニケーションの「目的や場面，状況」等に合わせた適切な表現を問う内容が求められるようになっている。

「知識・技能」はどの活動のレベルとリンクさせていくべきか，PPP（Presentation-Practice-Production）で考えると，「思考・判断・表現」との違いを明確にできる。表5の通り，「知識」では新出の言語材料の1文レベルでの理解の問題，「技能」では語彙を入れ替えた1文程度の表現や問題，「思考・判断・表現」はコミュニケーションの「目的や場面，状況」に沿ってまとまりのある文章の問題を作成するようにすると，観点ごとの棲み分けがはっきりする。

表5．PPP モデル（Presentation-Practice-Production）（松沢（2002）（2021））

PPP の段階	生徒に求める英語の表現・理解のレベル	観点
Presentation（提示） 教師が新出の言語材料を提示し，生徒が理解する段階	教師が提示した英単語・英文をそのまま正確に1文レベルで理解するレベル	知識
Practice（練習） 生徒が新出の言語材料の正確な理解や意味を考えながら相手と会話等をする段階	新出の言語材料の形をもとに，語彙を入れ替えた1文，「A→B→A」程度のやり取りで表現したり，話題に応じて語彙が使われている1文程度の英文を理解したりするレベル	技能
Production（運用） 生徒が新出の言語材料を活用してまとまりのあるテキストなどについて「目的や場面，状況」に応じて，相手と会話等をする段階	「目的や場面，状況」が設定された言語活動において，新出の言語材料をもとに，生徒が複数からなるまとまりある文章，「A→B→A→B→……」と長いやり取りで表現したり，まとまりのある文章を理解したりするレベル	思考・判断・表現

　ここからは「ミニテスト」「定期テスト」に焦点を当てて，「知識・技能」を見る評価課題を作成する際のポイントを説明し，具体的なテスト問題例を紹介する。

「知識」の評価課題・評価問題づくりのポイント

◆何を評価するのか

　「知識」は，中学校学習指導要領「外国語」「2 内容」の〔知識及び技能〕における「(1) 英語の特徴やきまりに関する事項」に記されていることを指しており，それらの事項を理解している状況を評価する（国立教育政策研究所，2020）。

「知識」として指導する事項

ア　音声……（ア）現代の標準的な発音，（イ）語と語の連結による音の変化，（ウ）語や句，文
　　　　　　　における基本的な強勢，（エ）文における基本的なイントネーション，（オ）文に
　　　　　　　おける基本的な区切り

イ　符号……感嘆符，引用符などの符号

ウ　語，連語及び慣用表現……（ア）五つの領域別の目標を達成するために必要となる，小学
　　　　　　　校で学習した語に 1600～1800 語程度の新語を加えた語，（イ）連語のうち，活
　　　　　　　用頻度の高いもの，（ウ）慣用表現のうち，活用頻度の高いもの

エ　文，文構造及び文法事項……（ア）文，（イ）文構造，（ウ）文法事項

（出典：中学校学習指導要領「外国語」「2 内容」〔知識及び技能〕「(1) 英語の特徴やきまりに関する事項」より）

◆どのように評価するのか

　「ミニテスト」では，おもに「話すこと［やり取り］」と「話すこと［発表］」の領域で「知識・技能」を評価する。ただし，「知識」は言語材料に焦点を当てたものであることから，パフォーマンスを伴う課題で「話すこと」を評価する場合においては，「知識」は基本的に評価の対象としない。

　「定期テスト」では，図 27 ～ 29（p68）のような「①特定の言語材料等の使い分けができているかを評価する問題」や，「②特定の言語材料（単元で特に焦点化して指導したもの，例：接続詞，比較級など）を正しく選択したり書き換えたりすることができるかを評価する問題」が考えられる。なお，図 27 ～ 29 は「知識」を測る問題なので，つづり間違いは基本的に減点せず，完答しているかどうかで採点する。

【問題】 次の（1）〜（5）について，日本語の内容に合うように，_____ に適切な語句を書きなさい。

(1) 私はすばやく野菜を切ることができます。
　　I can cut vegetables _____.
(2) あなたの映像を送ってもらえませんか？
　　Can you _____ your video?
(3) 伊藤先生が中心の先生です。
　　 Mr. Ito is a _____ teacher.
(4) スペイン語は簡単ではありません。
　　 Spanish is not _____.
(5) あなたの願いは何ですか？
　　What is your _____?

図 27.「知識」のテスト問題例（1）……①特定の言語材料等の使い分けができているかを評価する問題（教科書の本文中で使用されている言語材料等をもとに作成した問題）

【問題】 次の（1）〜（4）の下線部に当てはまる単語を書きなさい。□内の単語を使ってよい。

(1) _____ my mother came home, I was watching TV.
　　（お母さんが帰宅したときに，私はテレビを見ていました。）
(2) _____ you are busy, I'll help you.
　　（もしあなたが忙しいならば，私が手伝いましょう。）
(3) I didn't say anything _____ I was too tired.
　　（私は疲れていたため，何も言いませんでした。）
(4) I will study hard _____ I eat dinner.
　　（私は夕食前に一生懸命勉強するつもりです。）

| after |
| before |
| because |
| if |
| when |

図 28.「知識」のテスト問題例（2）……①特定の言語材料等の使い分けができているかを評価する問題（特定の言語材料をもとに作成）

【問題】 次の（1）〜（4）の（　　）内の語を適する形に変えなさい。ただし，1語とは限りません。また変える必要のないものはそのまま書くこと。

(1) My dog is (small) than that one.
(2) The Amazon is (long) in South America.
(3) That game is (popular) than this one.
(4) My school is as (old) as yours.

図 29.「知識」のテスト問題例（3）……②特定の言語材料を正しく選択したり書き換えたりすることができるかを評価する問題（単元で焦点化して指導した特定の言語材料の正確な形を問う）

「技能」の評価課題・評価問題づくりのポイント

◆何を評価するのか

　「技能」の評価は，「話すこと［やり取り］」「話すこと［発表］」「書くこと」は，実際のコミュニケーションにおいて，日常的な話題や社会的な話題について事実や自分の考え，気持ちなどを，簡単な語句や文を用いて話したり書いたりして表現したり伝えあったりする「技能」を身に付けている状況を評価する。単元で扱う言語材料が提示された状況で，それを使って事実や自分の考え，気持ちなどを話したり書いたりすることができるか否かを評価するのではなく，使用する言語材料の提示がない状況においても，それらを用いて事実や自分の考えなどを話したり書いたりすることができる「技能」を身に付けているか否かについて評価する。「話すこと」は音声の特徴を捉えて話していることについては特定の単元等で扱うのではなく，「話すこと」の指導全体を通して適宜評価する。

　「聞くこと」「読むこと」は，実際のコミュニケーションにおいて，日常的な話題や社会的な話題について話されたり書かれたりする文章等を聞いたり読んだりして，その内容を捉える「技能」を身に付けている状況を評価する。

　以上は国立教育政策研究所（2020）をもとにしているが，「実際のコミュニケーション」と「使用する言語材料の指定のない状況」については，次のように対応したい。

◆どのように評価するのか

　「ミニテスト」では，おもに「話すこと［発表］」「話すこと［やり取り］」の「技能」の側面に焦点を当てて評価する。まとまりのある文章の発表や複数回のやり取りをする「思考・判断・表現」の評価課題・評価問題と合わせて，その冒頭で「ウォーミングアップ的に技能」を測る評価問題を 1 問設定するとやりやすい。なお「技能」であることから，1 文の説明や「A → B → A」程度のやり取りである。例えば「話すこと［発表］」ならば，単元の目標言語材料を用いて 1 文で説明する評価問題を課す。

（例）現在進行形が単元の目標言語材料
A（教師）: What is she doing now?
B（生徒）: She is driving a car now.
A : That's right.

　また「話すこと［やり取り］」ならば，単元の目標言語材料を用いて「A → B → A」のやり取りをする評価問題を課す。

（例）単元の目標の言語材料　未来形 be going to~
A（教師）: What are you going to do this Sunday?
B（生徒）: I am going to go shopping this Sunday.
A : It's a nice plan. What are you going to buy?
B : I am going to buy a new game.
A : I see. Have a nice weekend.

いっぽう「定期テスト」で「思考・判断・表現」と区別するならば「技能」では，伝える内容がある程度示されたうえでその内容に応じて特定の言語材料等を正確に使用しているかを評価する。「目的や場面，状況など」を設定する「実際のコミュニケーション場面」を用意せず，図30〜32のように語彙や文法などの言語材料をさまざまな短い文脈で使えるかを評価して，評価の妥当性を高めるようにする。

　例えば現在完了進行形が単元の目標言語材料であり，かつ単元のトピックが「コミュニケーション」であった場合，「読む」力を評価するには，図33（p72）のような文章の読解問題を作成する。ただし，「読むこと」の「技能」を測る問題は，まとまりのある文章でなく，2〜3文レベルの文にとどめる。できるだけ多くの問いを出題して，評価の妥当性を高めるようにする。また例えば助動詞canが単元の目標の言語材料であり，かつ，単元のトピックが「自己紹介」であった場合，「聞く」力を評価するには，図34（p72）のようなリスニング問題を作成する。ほかにも現在完了形が単元の目標の言語材料であった場合，「読む」力を評価するには，図37（p74）のような対話文の読解問題を作成する。

「評価のための評価」にならないように留意したいこと

　評価課題・評価問題を課す目的は複雑な問題を課し生徒の出来不出来を相対的に差別化することではなく，日常の授業で指導したことを生徒が達成できているかを測ることである。生徒がB評価からA評価に達し，学ぶことの喜びを実感しながら，自らの学習の改善を図ることが望まれる。「単元の課題に取り組むなかで習った表現を使えば解けそうだ！」「授業の活動でこんな場面があったから，○○の表現で書いてみよう！」など，生徒にとって日常の授業の延長であり，指導したことを適切に評価する「指導と評価の一体化」を常に忘れないようにしたい。「評価のための評価」になってしまい，Slow Learner，いわゆる学習を苦手に感じている生徒にとって解きにくいものにならないために，評価課題・評価問題づくりにおいては次のことに留意したい。

　「知識」の評価課題・評価問題を作成するうえでは，基本的な言語材料等の習得ができているかを評価することから，誰もが解答することにチャレンジしたくなるような問題形式になるよう留意する。日常の授業におけるDrill活動やPractice活動との関連性をもたせ，生徒が授業で取り組んだことを課題で生かし，生徒が課題の内容に乗れるようにする。例えば新出語句を日常から定期的に書く練習を取り入れてきたならば，そこで扱った単語のつづりを書く問題を出題する。逆にそこで扱っていない単語などは基本的に出題しない。また例えば，授業で未来形（be going to〜）を活用して相手の予定をインタビューする活動を行った場合，ペーパーテストの問題で相手の予定を尋ねる場面を設定し，未来形の使い分けができているかを問う。授業でまったく扱っていない場面を設定しない。

　いっぽう「技能」の場合は，特定の文法や語句を正確に表現したり，理解したりすることができているかを問うことになる。そのため，条件に合った表現の言い換えを問うたり，短い文や対話文のなかで理解できているかを問うたり，さまざまな問題形式で測るように

【問題】　次の（1），（2）の会話が成り立つように，_____ に当てはまる単語を書きなさい。

(1) A: Look at this picture. They are my friends.
　　B: Who is this man?
　　A: He is David, but we _____ _____ Dave.

| 名前：David |
| 呼び名：Dave |

(2) A: What is your favorite book?
　　B: I like "Harry Potter." It has many stories.
　　A: These stories will _____ _____ happy.
　　B: Yes!

| 物語→相手を幸せにする |

図 30.「技能（書くこと）」のテスト問題例（1）……文脈に応じて，特定の言語材料を使って正しく文を書くことを評価する問題

【問題】　あなたは自分や友達について「ずっとしていること」を紹介文で書きます。（1）〜（3）のそれぞれの英文を［　］内の内容に書き換えた場合，_____ に当てはまる単語を書きなさい。

(1) I love Japanese anime. ［「2 年間ずっと大好きです」という英文に］
→ I _____ _____ Japanese anime _____ two years.
(2) I am a baseball fan. ［「2016 年からずっと野球ファンです」という英文に］
→ I _____ _____ a baseball fan _____ 2016.
(3) My friend, Riku, plays soccer. ［「3 年間サッカーをしている」という英文に］
→ Riku _____ _____ soccer _____ three years.

図 31.「技能（書くこと）」のテスト問題例（2）……文脈に応じて，特定の言語材料を使って正しく文を書くことを評価する問題

【問題】　あなたは下の資料などを活用し，大きさについて説明することになりました。次の（1）〜（3）について［　　］内の単語を書き換えたり必要な単語を書き加えたりして，英文を完成させなさい。書き換える必要がない場合はそのまま書くこと。

Iceland 面積　103,000 km² Japan 面積　378,000 km²	List of mountains and hills in Japan by height		身長記録 Mike 160 cm Shingo 160 cm
	1	Mt. Fuji	3,776 m	
	2	Mt. Kita	3,193 m	
	3	Mt. Okuhotaka	3,190 m	

(1) Japan is ［① large］［　②　］Iceland.
(2) Mt. Fuji is ［　①　］［② high　］［　③　］in Japan.
(3) Mike is ［　①　］［② tall　］［　③　］Shingo.

図 32.「技能」（書くこと）のテスト問題例（3）……文脈に応じて，特定の言語材料を使って正しく文を書くことができるかを評価する問題（特定の言語材料等を短い文脈のなかをもとに作成）

【問題】 次は英語の授業で健（Ken）とマイク（Mike）が「コミュニケーション」をテーマにして書いた意見文です。次の（1），（2）に当てはまる表現を，ア〜エから一つずつ選びなさい。

> Ken：Communication is the process of exchanging information, thoughts, and feelings between people. We [（1）] through talking, writing, and body language for a long time. I think communication is very important. It's important to build good relationships.

（1）ア have been communicating　　イ have been spoken
　　ウ are played　　　　　　　　エ have to practice

> Mike: Good communication skills are important for success in school, work, and life. We have been using these skills to explain our ideas and make friends. It's [（2）] these skills.

（2）ア been using　　　　　　　　イ important to use
　　ウ studied　　　　　　　　　エ not good to make

図33.「技能」（読むこと）のテスト問題例（1）……文脈に応じて，特定の言語材料を使った文を正しく読むことができるかを評価する問題（特定の言語材料等を短い文脈のなかをもとに作成）

【問題】 英文と質問を聞いて，その質問に対する正しい答えを，次の（1），（2）のア〜ウから一つずつ選びなさい。英文と質問は2回ずつ繰り返します。

(1) ア　Yes, she can.　イ No, she cannot.　ウ No, she is not.
(2) ア　Yes, he can.　イ No, he cannot.　ウ Yes, they can.

[英文と質問]

> （1）　A：Hi, my name is Jack. Do you like sports?
> 　　　B：Hi Jack, I'm Emily. Yes, I love sports.
> 　　　　　I can play soccer, but I can't play baseball. What about you?
> 　　　A：I can play soccer, too!
> 　　　Q1: Can Emily play baseball?
>
> （2）　A：Hi, Mike. Can you play any musical instruments?
> 　　　B：Yes, I can play the piano and the guitar.
> 　　　A：Mike, That's good! Can you play any songs?
> 　　　B：Of course.
> 　　　Q2: Can Mike play any songs?

図34.「技能」（聞くこと）のテスト問題例（1）……文脈に応じて，特定の言語材料を使った文を正しく聞くことができるかを評価する問題（特定の言語材料等を短い文脈のなかをもとに作成）

【問題】　あなたは次の（1）〜（3）の絵や図などを相手にわかりやすく説明します。説明の内容を最も適切に表している英文を，ア〜ウから一つずつ選びなさい。

(1)

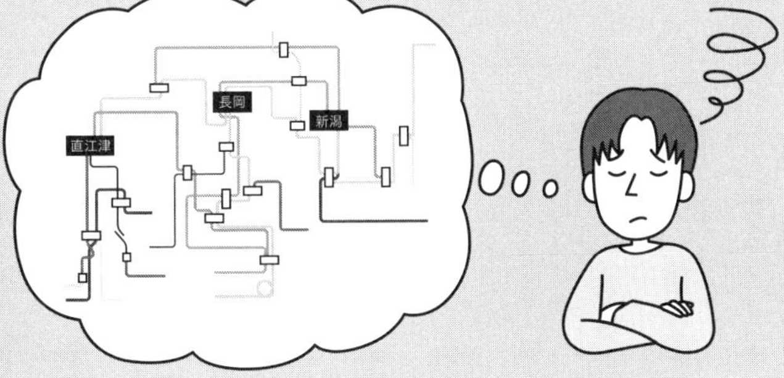

ア　I don't know how to get to Niigata Station.
イ　I don't have to get to Niigata Station.
ウ　I don't want to get to Niigata Station.

(2)

ア　You don't know what to take pictures.
イ　You don't have to take pictures here.
ウ　You must not take pictures here.

(3)

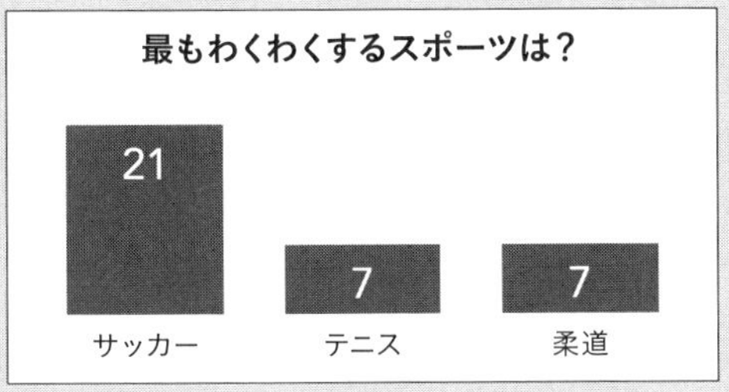

最もわくわくするスポーツは？

ア　Tennis is the most exciting in my class.
イ　Tennis is as exciting as judo in my class.
ウ　Judo is the best sport in my class.

図 35.「技能」（読むこと）のテスト問題例（2）……文脈に応じて，特定の言語材料を使った文を正しく読むことができるかを評価する問題（特定の言語材料等を短い文脈のなかをもとに作成）

【問題】 これから，（1）～（4）まで，4人の中学生が自己紹介する英文を放送します。その内容に合う人物を，下の表のア～エの中から1人ずつ選び，記号で答えなさい。英文はそれぞれ2回ずつ読みます。

人物	好きな教科	趣味	週末の楽しみ
ア	理科	ダンス	買い物
イ	数学	バスケットボール	買い物
ウ	英語	音楽	英会話
エ	理科	水泳	英会話

[英文]

（1）I like playing basketball, but I don't like swimming.

（2）I go to an English lesson and I practice speaking English there.

（3）I like studying science, but I don't like dancing. My favorite sports is swimming.

（4）I like studying science. I am good at dancing. I enjoy going shopping every weekend.

図36.「技能」（聞くこと）のテスト問題例（2）……文脈に応じて，特定の言語材料を使った文を聞くことができるかを評価する問題（条件に沿って当該言語材料や既習の表現を含んだ問題を作成）
　　　＊この場合，特定言語材料である「動名詞」を正確に聞き取れているかを測る問題

【問題】 次の対話文の ［ ① ］［ ② ］ に当てはまる単語をそれぞれア～ウから一つ選び，記号で答えなさい。

Hana: Hi! What are you doing here?

Mike: Oh, hi! I'm just ［ ① ］ for some books. How about you?

Hana: Me too. Have you read anything good recently?

Mike: Yeah, I ［ ② ］ "Harry Potter" by J.K. Rowling. It was really good.

①ア looking 　　イ returning 　　ウ lending
②ア bought 　　イ am reading 　　ウ have already finished

図37.「技能」（読むこと）のテスト問題例（3）……文脈に応じて，特定の言語材料を使った文を読むことができるかを評価する問題（条件に沿って当該言語材料や既習の表現を含んだ問題を作成）

【問題】　次の（1）〜（3）の昨日していたことについてのイラストを参考に，次の下線部①〜③を埋めて，それぞれ会話文を完成させなさい。

(1) A: At six thirty yesterday, what were you doing?

B: _____ _____ _____ with my father then.

(2) A: Did you have your club activity in the morning yesterday?

B: Yes, I did. _____ _____ _____ _____ at ten.

(3) A: Were you playing soccer at three in the afternoon?

B: _____ , _____ _____. I was watching TV then.

図38.「技能」（書くこと）のテスト問題例（4）……文脈に応じて，特定の言語材料を正しく使って文を書くことができるかを評価する問題（条件に沿って当該言語材料や既習の表現を含んだ問題を作成）

したい。日常の授業における言語材料の導入後の Practice（練習）の活動で取り扱った内容を反映させることで，生徒たちは日頃の授業での練習の成果を発揮できる。

　「ヤマ場の課題」や「ミニテスト」を実施した結果，予想以上に生徒の「技能」の面の評価が低かった場合,「定期テスト」で補助的に同じような問題を課す。こうすることで，最初はできなかったことが，練習を積み重ねることで，最後にはできるようになるという CAN-DO リストの視点に立った指導が可能になる。Slow Learner にとって，ペーパーテストですべて記述問題になると，難易度がとても高くなるため，必要に応じて使用語句を示し，図29（p68）のように前後関係から推測して形を書き換えるような問題を課すなどの配慮もしたい。

5 「主体的に学習に取り組む態度」の評価法

「「思考・判断・表現」と一体的に評価する」の捉え方

　参考資料（国立教育政策研究所，2020）では，「主体的に学習に取り組む態度」を評価するうえで，その評価規準を，「思考・判断・表現」の評価規準と対の形とし，基本的には一体的に評価することを求めている。ここで筆者が2年間にわたり，「主体的に学習に取り組む態度」の評価の実践を積み重ねてきたうえで強調したいことは，「一体的に評価する」の捉え方である。

　「一体的に評価する」とは，「思考・判断・表現」の指導・評価をする場面を設定することで，生徒の「（コミュニケーション活動に）主体的に学習に取り組む態度」が表出するからこそ，両者を合わせて評価するということである。そのため，教師が意図的に設定した「目的や場面，状況」のあるコミュニケーション活動で生徒の「思考・判断・表現」を指導・評価しながら，生徒の「主体的に学習に取り組む態度」を評価するようにしたい。

　ただし，本書の「主体的に学習に取り組む態度」の評価については，現場の教師の実態を踏まえ，「ミニテスト」などの「パフォーマンステスト」で，「思考・判断・表現」と「主体的に学習に取り組む態度」を常に同じタイミングで，一体的に評価するという方法だけを提案していない。「ヤマ場の課題」の成功に向けた過程で，「思考・判断・表現」と「主体的に学習に取り組む態度」の関連を大切にしながら，教師が担当教師間で迷わず，明確な評価基準を設定し，生徒たちのがんばりを可能な限り反映できるような評価方法やタイミングの工夫を提案している。

何を見れば評価できるのか

◆点数化でき，客観性を担保できるもの

　「主体的に学習に取り組む態度」を評価するうえで，大切にしたいことが「あいまいさ」をなくすことである。先述したように，「主体的に学習に取り組む態度」をきちんと点数化し，客観性のある内容にしたい。「主体的に学習に取り組む態度」を大きく二つの視点で，①「ヤマ場の課題」で指導するコミュニケーションのストラテジーを身に付けようとする過程の振り返り，②英語学習の目標と振り返り，提出課題，学習規律に関するもの，として分けると評価しやすい。

◆視点①：コミュニケーションのストラテジーを身に付けようとする過程の振り返り

コミュニケーションのストラテジーを身に付けようとする過程の振り返りは，「ヤマ場の課題」で生徒が自己表現を楽しみながら達成感をもてるように，「聞くこと」「読むこと」「話すこと［やり取り］」「話すこと［発表］」「書くこと」の各領域のコミュニケーションをよりよくしようとするストラテジーを指導・評価することである。生徒が「ヤマ場の課題」の成功に向かって試行錯誤しながらストラテジーを獲得しようとしている努力の過程を，パフォーマンスの動画，作品，振り返りデータなどで可視化する。例えば「相手へのあいづち」というストラテジーを指導項目として設定した場合に，"I see.""I agree with you.""I think so." などの「相手へのあいづち」は，「主体的に学習に取り組む態度」として評価しない。これは「ミニテスト」の「思考・判断・表現」の一つの評価項目「〜できる」「〜している」として盛り込み，「思考・判断・表現」と一体的に評価する。「〜しようとしている」という態度の評価である「主体的に学習に取り組む態度」は，生徒が「相手へのあいづちを活用しようとしている」という態度の表れを生徒のストラテジーに関するパフォーマンスの動画，作品，そして振り返りで見取り，客観的に評価するようにしたい。「〜できる」「〜している」という「技能」「思考・判断・表現」と，「〜しようとしている」という「態度」はまったく違うものである。この区別をしないまま評価を行うと，評価基準に「あいまいさ」が残ったり，評価項目が増えてしまったりすることになる。

◆視点②：英語学習の目標と振り返り，提出課題，学習規律に関するもの

　英語学習の目標と振り返り，提出課題，学習規律に関するものは，単元全体を通して，生徒の英語学習の取り組み方を指導，評価することである。前述した「プログレスカード」を用いた生徒の振り返り記述，「提出課題」については，ワーク，ノート，宿題の完成度，「学習規律」は，学校ごとに大切にしている授業ルールなどをもとにすると設定できる。自律した学習者になるように，生徒に英語学習の「学び方」を指導し，それがきちんとできているかを提出状況，提出物の仕上がりなどで客観的に評価する。

視点①をどのように生かすか──ストラテジーを身に付けようとする過程の振り返りの評価

◆「思考・判断・表現」と「主体的に学習に取り組む態度」の側面を区別する

　英語のコミュニケーションを高めるストラテジーを「〜できる」「〜している」という「技能」「思考・判断・表現」の面と，「〜しようとしている」という「主体的に学習に取り組む態度」の面に分けて指導・評価する。「主体的に学習に取り組む態度」は後者の「〜しようとしている」という面から，生徒の振り返りを評価する。参考資料（国立教育政策研究所，2020）では，各領域の「思考・判断・表現」と「主体的に学習に取り組む態度」の評価規準がほぼ一体的となった。これは，教師に授業改善への強いメッセージを伝えていると考える。その改善の具体として本書では「ヤマ場の課題」のように，生徒たちがコミュニケーションを伴う課題の解決に取り組む過程で，生徒たちの「思考力，判断力，表現力等」を高める課題を設定することに重点をおく。こうすることで生徒たちは粘り強く課題に取り組んだり解決に向けて学び方を改善したりするという，「粘り強さ」や「自己調整」

1 教師間で「ヤマ場の課題」の設定

単元で重点をおく領域
「聞くこと」「読むこと」「話すこと[やり取り]」「話すこと[発表]」「書くこと」

2 教師間で「ヤマ場の課題」をよりよくするために必要なストラテジーを設定

- ・「聞くこと」→メモの取り方
- ・「読むこと」→前後関係の文からの推測など
- ・「話すこと[やり取り]」→あいづち，問い返しなど
- ・「話すこと[発表]」→アイコンタクトの取り方など
- ・「書くこと」→文章の構成や内容の組み立て方など

3 「ヤマ場の課題」の指導の流れのなかで，教師間でストラテジーの評価のための振り返りシートなど作成 → 提出された動画・作品データや振り返り記述を「主体的に学習に取り組む態度」として客観的に評価

「話すこと[発表]」の領域（例）

あなたは夏休みにEnglish Campに参加することになりました。参加するほかの学校の生徒やALTに英語で自分の趣味などを中心に紹介したプロフィールビデオを作成し，送付します。

Step1 モデル動画のように，「音の上げ下げ」「ジェスチャー」の工夫にチャレンジしてみよう。

【例文】

Hello. Nice to meet you.
I am Hana. I live in Midori City.
I like tennis. I am in the tennis club.
Do you like tennis? What sports do you like?
I want to play sports with you at the English Camp.
Thank you for listening.

Step2 タブレット端末でモデルと同じように，あなたの発表の練習動画を提出してください。また「伝え方の工夫」である「音の上げ下げ」「ジェスチャー」のよさについて気付いたことを振り返り，データで提出してください。

発表を撮影した
動画を貼り付ける

【振り返り】

①モデルと比較した自分の出来映え

[A (B) C]

　モデルのように，ビデオを見てくれる人たちが楽しんでくれるように元気よく発表することができました。モデルのように，一方的に話す感じではなく，1文をゆっくり，意味が伝わるように話してみました。

②「伝え方の工夫」のよさについて気付いたことは？
　ジェスチャーのタイミングを工夫することです。今まではただジェスチャーをしていただけでしたが，モデルのように，"Do you like tennis?"の最後のところで，ジェスチャーを加えることで，疑問文の音の上がるタイミングとジェスチャーがうまく合い，伝えやすくなりました。

「書くこと」の領域（例）

"My Treasure" の原稿書きに向けてマッピングにトライ

Step1 健が書いた原稿を読みながら，健が事前にまとめたマッピングを完成させましょう。

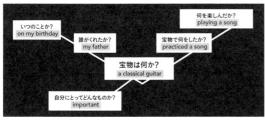

（生徒が思考の過程をロイロノートの思考ツールに表現したもの）

Hi, I am Ken. Look at this picture. This is my treasure. This is a classical guitar.

My father gave it to me on my birthday. I practiced a song, "Let It Be" with this guitar. I enjoyed playing it.

This guitar is a very important instrument to me. Thank for listening.

Step2 健が書いたマッピングを参考に，あなたの宝物に関する原稿のマッピングを作りましょう。また，マッピングのよさについて振り返りをしましょう。データを提出してください。

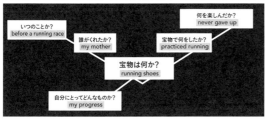

（同上）

【振り返り】原稿を書く前にマッピングをするとどんなよさがあると気付きましたか？

伝えたいことを整理するだけでなく，必要な単語を事前にまとめることができるよさに気付きました。いままでは最初から英文で書いていたため，自分で伝えたいことがよくわからないことがありました。次回，このマッピングを使って原稿書きをがんばりたいです。

図 39.「コミュニケーションをよりよくするためのストラテジー」の指導と評価の流れ

という「主体的に学習に取り組む態度」が行動として表出するのである。つまり英語のコミュニケーション活動に取り組む過程で，生徒が自らのパフォーマンスを高めようとする行動を具体的に指導・評価する必要がある。「思考・判断・表現」と明確に区別し，「（コミュニケーションをよりよく行うために粘り強く，自己調整しながら）〜しようとしている」という行動の表れをストラテジーを身に付けようとする過程として，教師が意図的に指導・評価していく。図 39 のように，「ヤマ場の課題」の解決に不可欠な領域ごとのストラテジー（例：文章で必要な情報を前後の単語から推測する読み方，文章を目的に合った構成，内容で組み立てる工夫など）を設定する。そして，単元の授業を積み重ね，生徒が「ヤマ場の課題」の解決に向けて，主体的にコミュニケーションに取り組むなかで，有効なストラテジーを自分なりにどのように粘り強く活用したり，それを自分なりにどのように自己調整したりしたかを振り返りで見える化するのである。

◆「ヤマ場の課題」の指導過程で明示的に扱ったストラテジーを評価する

　「主体的に学習に取り組む態度」を「（授業の）振り返り」の記述だけで評価することは，「（コミュニケーションに）主体的に取り組む態度」を評価するうえで，妥当性のない方法になってしまうこともある。そのため，「ヤマ場の課題」をよりよく解決するために必

要なコミュニケーションのストラテジーを明示的に生徒に示すことで，生徒がストラテジーを視点にパフォーマンスを振り返ることができるようにする。「振り返り」の記述データと共に，生徒たちの発表やインタビューなどのパフォーマンス動画や，マッピングや作文の構成などの作品データを含めることで，それぞれを点数化することができ，生徒たちの「主体的に学習に取り組む態度」を客観的に評価することができる。

　「ミニテスト」などのパフォーマンステストを伴う課題で「思考・判断・表現」と「主体的に学習に取り組む態度」の両方を評価することも考えられる。しかしながら，1回のテストで複数の評価観点を1度に評価することは教師の負担感が高まったり，教師間の評価基準のずれが生じやすく，評価の信頼性が下がったりすることも考えられる。「主体的に学習に取り組む態度」を評価の方法やタイミングを工夫することで，担当教師間でも評価に迷ったときにデータをもとにすり合わせを再度行なうことも可能である。

　「ヤマ場の課題」の指導過程でストラテジーを指導，そして教師間で客観的に評価できるようにしたい。図40の「話すこと［発表］」の例では，発表に向けて生徒たちの練習動画から「伝え方の工夫」を身に付けようとしている過程の振り返りデータについて評価基準（ルーブリック）を設定したものである。また「書くこと」の例では，マッピングを活用したストラテジーを身に付けようとしている過程の振り返りについて「主体的に学習に取り組む態度」の評価基準を設定し，評価する。

「話すこと［発表］」の例の評価基準（ルーブリック）		
主体的に学習に取り組む態度 ・動画データ ・振り返りシート	A	B
	☐ 動画内で「伝え方の工夫」を取り入れた発表をしようとしている。 ☐ 振り返りで，モデルと比較した自分の発表のよさや改善点を書いている。 ☐ 振り返りで，発表に「伝え方の工夫」を取り入れることのよさを書いている。	☐ 動画内で「伝え方の工夫」は見られないが，発表しようとしている。 ☐ 振り返りで，「モデルとの比較」または「伝え方の工夫のよさ」のどちらかを書いている。

「書くこと」の例の評価基準（ルーブリック）		
主体的に学習に取り組む態度 ・マッピング ・振り返りシート	A	B
	☐ 健が事前にまとめたマッピングを完成させようとしている。 ☐ モデルのように「マッピング」を活用し，自分の伝えたい内容を複数の視点から具体的にしようとしている。 ☐ 振り返りで，「マッピング」を取り入れることのよさを書いている。	☐ 健が事前にまとめたマッピングを完成させようとしている。 ☐ モデルのように「マッピング」を活用し，自分の伝えたい内容を伝えようとしている。 ☐ 振り返りを書いている。

図40. 教師間で共有するワークシートの評価基準（ルーブリック）の例

　「ヤマ場の課題」の指導過程でコミュニケーションのストラテジーを指導，評価するうえで，具体的にどのようなストラテジーに焦点を当てればよいだろうか。次に，五つの領域の「主体的に学習に取り組む態度」を評価するうえで手がかりとなる，生徒がストラテジーを身に付け，活用しようとしている態度の評価項目を紹介する。各学校の実態や学年の成長段階用に合わせて，段階的に指導，評価できるようにしたい。

◆「聞くこと」の評価項目づくりのポイント

　「聞くこと」の「主体的に学習に取り組む態度」は参考資料（国立教育政策研究所，2020）をもとに，話し手や情報発信先の内容を聞こうとするリスニングストラテジーを育成する面から評価項目を設定する（図41）。

【「聞くこと」「主体的に学習に取り組む態度」内容のまとまりごとの評価規準】
外国語の背景にある文化に対する理解を深め，話し手に配慮しながら，主体的に英語で話されることを聞こうとしている。（国立教育政策研究所，2020）

【リスニングストラテジーに関する評価項目】
□　聞き取らなければならない発話や情報を聞き取る前に，与えられた情報から，聞き取る内容を推測しようとしている。
　→リスニングのテキストの内容に関連した背景知識（例：環境問題が話題ならば，environment, recycle, plastic bottle, SDGsなどの単語を知っている）の活性しようとする行動の表れ
□　聞き取らなければならない発話や情報をメモでまとめようとしている。
　→リスニングの聞き取りの理解度を高めるための行動の表れ
□　聞き取らなければならない発話や情報がうまく聞き取れなかったときに，聞き返したり，聞き直したりすべき情報を整理しようとしている。
　→リスニングの聞き取りの理解度を高めるための行動の表れ

図41.「聞くこと」のリスニングストラテジーに関する評価項目

◆「読むこと」の評価項目づくりのポイント

　「読むこと」の「主体的に学習に取り組む態度」は参考資料（国立教育政策研究所，2020）をもとに，「聞くこと」と同様に，書き手の主張やパンフレット，エッセイなどの内容を読み取ろうとするリーディングストラテジーを育成する面から評価項目を設定する（図42，p82）。

【「読むこと」「主体的に学習に取り組む態度」内容のまとまりごとの評価規準】
外国語の背景にある文化に対する理解を深め，書き手に配慮しながら，主体的に英語で書かれたことを読もうとしている。(国立教育政策研究所，2020)

【リーディングストラテジーに関する評価項目】
☐ 読み取らなければならないテキストを読み取る前に，与えられた情報から，読み取る内容を推測しようとしている。
　→リーディングのテキストタイプに応じた背景知識（スキーマ）を活用する行動の表れ
☐ 読み取らなければならない情報の箇所をマークしたり，大切な箇所にメモを加えたりしている。
　→内容の概要や詳細の理解度を高めるための行動の表れ
☐ 読み取ることができない情報の一部を前後の語句や全体の内容をもとに予想し，内容理解を深めようとしている。
　→語句の理解度を高めるための行動の表れ
☐ 読み取らなければならないテキストの情報を理解するために，読み取れた情報から視覚的にまとめ，内容理解を深めようとしている。
　→リーディングの読み取りの理解度を高めるための行動の表れ

図 42. 「読むこと」のリーディングストラテジーに関する評価項目

◆「話すこと［やり取り］」の評価項目づくりのポイント

　「話すこと［やり取り］」の「主体的に学習に取り組む態度」は参考資料（国立教育政策研究所，2020）をもとに，聞き手，話し手が伝えている意図を理解しようとしたり，相手の伝えたいことを引き出したりしようとするスピーキングストラテジーを育成する面から評価項目を設定する（図43）。

【「話すこと［やり取り］」「主体的に学習に取り組む態度」内容のまとまりごとの評価規準】
外国語の背景にある文化に対する理解を深め，聞き手，話し手に配慮しながら，主体的に英語を用いて伝え合おうとしている。(国立教育政策研究所，2020)

【スピーキングストラテジーに関する評価項目】
☐ 話し手に対して，アイコンタクトやジェスチャーをとろうとしている。
　→話し手に対して興味を示し，積極的にやり取りしようとする行動の表れ
☐ 話し手に対して，あいづち（反応，称賛，賛成など）を打とうとしている。
　→話し手と聞き手の間のやり取りが継続・発展させるための行動の表れ
☐ 話し手の発話に対して，追加質問をしようとしている。
　→話し手と聞き手の間のやり取りが途切れないようにするための行動の表れ

図 43. 「話すこと［やり取り］」のスピーキングストラテジーに関する評価項目

◆「話すこと［発表］」の評価項目づくりのポイント

　「話すこと［発表］」の「主体的に学習に取り組む態度」は参考資料（国立教育政策研究所，2020）をもとに，話し手が聞き手に自分の考えや主張を伝えようとするスピーキングストラテジーを育成する面から評価項目を設定する（図44）。

【「話すこと［発表］」「主体的に学習に取り組む態度」内容のまとまりごとの評価規準】
外国語の背景にある文化に対する理解を深め，聞き手に配慮しながら，主体的に英語を用いて話そうとしている。（国立教育政策研究所，2020）

【スピーキングストラテジーに関する評価項目】
□　聞き手に対して，アイコンタクトやジェスチャーを用いて，話をしようとしている。
　　→聞き手に対して，自分の考えや主張を積極的に伝えようとする行動の表れ
□　自分の考えや主張を伝えるために，間，語句の強調，イントネーションなど音声面の工夫をしようとしている。
　　→聞き手に対して，自分の考えや主張をわかりやすく伝えようとする行動の表れ
□　自分の考えや主張を視覚的に伝えようとしている。
　　→聞き手に対して，自分の考えや主張をわかりやすく伝えようとする行動の表れ

図44.「話すこと［発表］」のスピーキングストラテジーに関する評価項目

◆「書くこと」の評価項目づくりのポイント

　「書くこと」の「主体的に学習に取り組む態度」は参考資料（国立教育政策研究所，2020）をもとに，書き手が読み手に自分の考えや主張を伝えようとするライティングストラテジーを育成する面から評価項目を設定する（図45）。

【「書くこと」「主体的に学習に取り組む態度」内容のまとまりごとの評価規準】
外国語の背景にある文化に対する理解を深め，聞き手，読み手，話し手，書き手に配慮しながら，主体的に英語を用いて書こうとしている。（国立教育政策研究所，2020）

【ライティングストラテジーに関する評価項目】
□　考えや主張を伝えるために，文章の構成，内容をメモにまとめようとしている。
　　→読みに対して，自分の考えや主張をわかりやすく伝えようとする行動の表れ
□　考えや主張を伝えるために，適切な語彙の選択をしようとしている。
　　→読み手に対して，わかりやすい内容の文章で伝えようとしている行動の表れ
□　考えや主張を伝えるために，語順や文構造に誤りがないか確認しようとしている。
　　→読み手に対して，誤った内容を伝えないようにしている行動の表れ
□　自分の考えや主張を視覚的に伝えようとしている。
　　→読み手に対して，自分の考えや主張をわかりやすく伝えようとする行動の表れ

図45.「書くこと」のライティングストラテジーに関する評価項目

視点②をどのように生かすか——目標と振り返り，提出課題，学習規律に関するものの評価

◆英語学習者として自律的にスキルや態度を身に付けようとする姿の評価

「英語学習の目標と振り返り，提出課題，学習規律に関するもの」は，「ヤマ場の課題」の解決までの振り返り過程，中学校で身に付けるべき英語学習者として必要なスキルや態度などに関するものが評価の対象となる。「ヤマ場の課題」や「ミニテスト」など単元のゴールに向かって教師が課す学習課題や宿題などをきちんとやり切らなければ，生徒は力が身に付かない。そういった視点から生徒が必要な課題を着実に遂行するためのスキルや態度を高めるために必要な評価と考えたい。表6の評価材料を担当する教師間で明確にして，生徒が確実に取り組んだり，教師に成果を提出したりするようにする。評価についても生徒の努力の過程を提出状況として数値化し，生徒にフィードバックできるようにしたい。このように生徒が目標に向かって努力を積み重ね，英語学習者として自律的に学ぼうとする態度を育成することを大切にしたい。

表6．目標と振り返り，提出課題，学習規律に関するものの評価材料

観　点	具体的な評価材料
自身の学習の振り返りや評価	毎時間の授業の取り組みの振り返り，ペア・グループでのパフォーマンスの相互評価や自己評価，「定期テスト」に向けた学習方法の振り返りなど
授業への参画	授業課題，ワークシート，タブレット端末のアプリで作成した課題，グループワークの課題，授業内容をまとめたノートなど
自身の学習の調整	宿題，単元の学習内容に基づいたワーク，学習プリント，単語練習など

◆生徒にどのようなスキルや態度を身に付けてほしいか考え，共有を前提として評価基準（ルーブリック）をつくる

学習課題の評価基準（ルーブリック）は，評価をする教師，評価を受ける生徒にとっても明確かつ簡潔なものを心がけたい。例えば自己評価シートならば，図46のようなものが考えられる。このシートの場合，次のような意図で評価基準を設定できる。

①自分を振り返る行動 → 1 で自分のパフォーマンスを撮影している。[1点]
②自分のパフォーマンスを振り返る行動 → 2 の評価項目を振り返っている。[1点]
③自分のパフォーマンスを高めようとする行動 → 3 の改善点を書いている。[1点]
→「主体的に学習に取り組む態度」の評価材料「自己評価シート」として，評定算出の成績
　シート内に3点満点の素点として入力

このように，学習課題を通して，生徒の英語学習者として必要なスキルである自己分析力を高めることをねらいにして，それに見合った評価ポイントを簡潔に設定する。教師間でも簡潔な評価基準を共有することができる。

単元の目標

1

話す：学校生活を説明する Show & Tell ができる。

↓

活動：学校行事について，まとまりのある内容で説明する。

↓

自己評価：「パフォーマンス」をタブレットで撮影する。

映像をもとに「構成」「内容」「言語」ごとにきちんと説明できているか，自己評価をしてみましょう。

2

構成	内容	言語
☐ Opening	☐ あいさつ ☐ 写真への促し ☐ 写真の提示 ☐ 行事の呼び方	Hello, everyone. Look at this picture. It is a picture of ～ . We call it ～ .
☐ Body	☐ していること ☐ していることの 　補足説明・具体的な説明 ☐ 場所はどこか説明 ☐ いつ行うか説明	He / She is ～ ing … . We / They are ～ ing … . They ～ on / in ～ . They ～ on ～ .
☐ Closing	☐ 自分の感想 ☐ 聞き手へのあいさつ	It is ～ . Thank you.

［2回目に向けた改善のポイント］

3

改善箇所は？ 構成・内容・言語	どの項目を，どう改善するか？

図 46.「学校紹介」の Show & Tell における生徒の自己評価シート

　図 46 の自己評価シートのように，教師が生徒に対して「ヤマ場の課題」や「ミニテスト」などで達成してほしいゴールを反映したものを提示する。そこに向けて生徒が確実に課題を遂行し，自分のパフォーマンスを客観的に自己評価したりする力，単語を体系的に覚えたりする力，文構造を分析したりする力など，英語学習者として必要なスキルや態度を育成できるようにする。

「学びに向かう力，人間性等」の個人内評価

英語が，学校の全カリキュラムを通じて積極的に担うもの

　英語科で育成する「学びに向かう力，人間性等」とは何か。筆者は英語科教師として「学びに向かう力，人間性等」を指導することは，「勤務校の生徒の関わり合う力を下支えするコミュニケーション力」を高めることにつながると考えている。日常の授業で生徒同士が関わる必然性のある教科は英語であり，もし教師が生徒同士の関わり合う活動を設定しない日があった場合に，その日１日誰ともかかわらずに過ごす生徒もいるかもしれない。関わることの経験を積まなければ，学年が上がるにつれて生徒はどんどんと内向きになってしまうかもしれない。授業の雰囲気（授業を始めた瞬間に感じる生徒たちの意欲）も下がってしまうかもしれない。

　筆者は前勤務校で３年生の全学級の英語を担当し，学校の教育ビジョンの重点であった「関わり合う力」を高めるために，毎日，生徒たちの関わり合う活動を行ってきた。３年生の後半の時期，高等学校入試の面接指導の場面があった。そこで「英語の時間のように，お互いに席を向かい合わせて，質問する立場，答える立場で面接をしてみましょう」と指示を出した瞬間，生徒たちはお互いに面接官役と生徒役になりきり，楽しそうに面接練習を始めた。同じ学年の先生方がその姿を見てとても驚いていたが，日常の英語の時間で「関わり合う力」を指導・評価してきたことが，学校としての生徒のコミュニケーション力を高めることにつながっていたのだと感じた。英語科として学校が設定した「学びに向かう力，人間性等」を受け取り，英語科だからこそできる指導を展開していきたい。それは間違いなく，学校全体のコミュニケーション力の育成の下支えになっていく。

どのように評価するか

◆評価規準を設定する

　「学びに向かう力，人間性等」の多くは内面的な要素で教師が直接的に指導・評価することはできないため，先述した「主体的に学習に取り組む態度」の内容と区別しながら，生徒の人としての成長を支える個人内評価を促したい（図47）。英語の授業を通して各単元で，図48の項目から各学校で大切にしている資質・能力と関連させて生徒に問いとして課し，自ら目標立てを行わせる。そして単元の途中や最後に振り返りを行わせ，生徒自身が「学びに向かう力，人間性等」の高まりを実感できるようにする。問いを設定するた

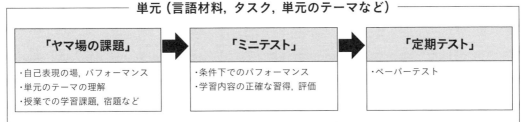

──── 単元（言語材料，タスク，単元のテーマなど）────

「ヤマ場の課題」	「ミニテスト」	「定期テスト」
・自己表現の場，パフォーマンス ・単元のテーマの理解 ・授業での学習課題，宿題など	・条件下でのパフォーマンス ・学習内容の正確な習得，評価	・ペーパーテスト

主体的に学習に取り組む態度 ➡
（コミュニケーションをよりよくするためのストラテジーを身に付けようとする過程の振り返り）
→パフォーマンスの動画，作品，振り返りデータなどの取り組み具合や提出状況を数値化して評価

主体的に学習に取り組む態度
（英語学習の目標と振り返り，提出課題，学習規律に関するものなど）
→課題の完成度や宿題の取り組みなどを数値化して評価

学びに向かう力，人間性等 ➡
（生徒の学びへの意欲，単元のテーマから学んだこと，人としての成長に関するもの，汎用的能力）
→数値的に評価できないことから，教師の励ましやプログレスカードを活用して生徒の個人内評価で評価

図47.「主体的に学習に取り組む態度」と「学びに向かう力，人間性等」の評価場面と評価方法

○生徒の学びへの意欲
・問いの例 → 単元の内容から，この単元で達成したいことは何ですか？

○単元テーマから学ぶこと
・テーマの明示例 → 歴史的人物がアメリカの人種差別にどのように取り組み，人々の平等の
　大切さをどのように伝えてきたかを学びます。
・問いの例 → この単元の内容から，考えたいことは何ですか？

○生徒としての成長に関するもの
・問いの例 → この単元を通して，仲間とのかかわりで大切にしたいことは何ですか？

○汎用的能力に関するもの（例：情報活用能力，批判的思考力，自己分析力など）
・問いの例 → タブレット端末のスライドアプリを使って，何ができるようになりたいです
　か？

図48.「学びに向かう力，人間性等」の指導の指針となるもの

めには，単元ごとに「学びに向かう力，人間性等」の評価規準を設定しておく必要がある。
例として第3〜7章の各領域の実践をもとに，「学びに向かう力，人間性等」を「単元のテー
マに関するもの」「汎用的能力に関するもの」を紹介する（表7，p88）。なお，ここで取
り上げる「個人内評価のための評価規準」と「主体的に学習に取り組む態度の評価規準」
は，第3〜7章の各領域の実践をもとに，変更を加えたものである。

表 7. 五つの領域の「学びに向かう力，人間性等」の評価規準の例

	学びに向かう力，人間性等	
	【個人内評価】のための評価規準	【主体的に学習に取り組む態度】の評価規準
聞くこと	○新しいサービスや世界のイベントや祭りについて興味をもち，異文化理解を図ろうとしている。 ○聞き取る内容をメモしながら，話の展開を論理的にまとめようとしている。 ○級友の発表に対して，肯定的な反応や受け答えをし，級友を励まそうとしている。	○興味や関心のある事柄についての情報を得るために，テレビやラジオの放送やアナウンスを聞いて，メモを取ったり，聞き取れなかったことを知るために質問したり，自ら調べたりしようとしている。 ○聞き取りのためのワークシートに，内容を理解したことや理解を深めるための情報を記入しようとしている。
読むこと	○インドの人権問題の背景を読み取り，平和的な解決に向けて必要なことを考えようとしている。 ○リテラチャー・サークルを通して，文章の内容と自分の経験を関連させて読もうとしている。 ○リテラチャー・サークルでの交流で，級友の考えや意見を受け止め，お互いの考えや意見を尊重しようとしている。	○ガンディーの考えや生き方から平和や人権について考えたことや感じたことを伝え合うために，ガンディーの伝記の概要や要点を捉えようとしている。 ○リテラチャー・サークルで学んだことや気付いたことをワークシートに記入し，読みの視点の理解を深めようとしている。
話すこと [やり取り]	○同じ目的に向かって，相手の意見を踏まえながら，自分の考えを伝えようとしている。 ○問題解決に向けて，級友と考えをまとめながら，解決方法を導き出そうとしている。 ○誰とでも平等に接し，相手の考えや発言に対して，興味や関心を示しながら，よりよいやり取りを心がけようとしている。	○ ALT の困り事への解決法をペアで一つ提案するために，考えたことや感じたこと，その理由などを伝え合おうとしている。 ○相手の意見を踏まえた発話を行うために，必要な意味交渉を行い，やり取りのストラテジーを適宜使用しようとしている。
話すこと [発表]	○プレゼンテーションがよりよくなるように，何度も練習に取り組もうとしている。 ○プレゼンテーションがよりよくなるように，アプリケーションや手書きによる視覚的資料を活用しようとしている。 ○発表練習の際に，級友の発表のよさをほめたり自分の発表に取り入れたりして，お互いに高め合おうとしている。	○自社の既存のロボットを改良した新しいロボットの魅力を伝えるために，ロボットの新しい機能，外見，価格について，聞き手を意識して，より効果的に伝える工夫をしようとしている。 ○プレゼンテーションがよりよくなるために，個人や級友で発表を評価シートを用いて，客観的に分析しようとしている。
書くこと	○インタビューで，相手の情報だけでなく，経験などを引き出すために必要な質問内容を考えようとしている。 ○ICT 機器やアプリケーションを活用し，インタビュー記事をよりよく編集しようとしている。 ○インタビューの内容を考える際に，級友とよりよい内容になるように必要な視点を積極的に教え合おうとしている。	○来年度の新入生が ALT に興味をもてるような ALT のインタビュー記事を作成するために，インタビューに向けて，まとまりのある展開，内容になるように，インタビューの質問を工夫して書こうとしている。 ○インタビューの内容がより具体的になるように，級友と内容を共有し，さまざまな質問を考え，ワークシートに記入しようとしている。

（1枚目）

4　高めたい学びに向かう力，人間性等

【〇〇中学校が育成する資質・能力】
表現する力……自分の考えを進んで表現する力
考える力……自分の考えと仲間の考えを比べ，関係付ける力
協調性……仲間と励まし合い，協力しようとする力

【この単元で学ぶテーマ】
・留学生の自国の文化の紹介や家族の紹介を聞いて，他国の文化について考える

①この単元の目標達成のために，どのように英語の学び方を工夫しますか？

教科書に出てくる文を読んで意味も理解できるようになりたい。

②この単元での仲間との関わり（思いやり，協力など）で何を大切にしたいですか？

教科書の文を席の隣の人と音読しているときに，間違っているところを教えてあげたり，教えてもらったりしたい。

（2枚目）

【単元を振り返った私の成長】

　友達との関わりで大切にしたいことに書いたことが，中間振り返りの時点でできていなかったけど，その後にがんばることができました。
　教科書の文を音読するとき，最初は教えてあげたほうがいいのか迷ってしまい，教えることができなかったけど，途中から教えてあげることができるようになりました。お互いに間違っていることを恐れずに，教えてあげたり，正しい発音を確認したりすると，内容を理解することにつながると思います。

（1枚目）

4　高めたい学びに向かう力，人間性等

【〇〇中学校が育成する資質・能力】
表現する力……自分の考えを進んで表現する力
考える力……自分の考えと仲間の考えを比べ，関係付ける力
協調性……仲間と励まし合い，協力しようとする力

【この単元で学ぶテーマ】
・将来の夢についてスピーチ発表することを通して，自分自身の夢を英語で表現することを学ぶ

①この単元の目標達成のために，どのように英語の学び方を工夫しますか？

「私は〜したい」という表現をいろいろな内容でできるようにする。

②この単元での仲間との関わり（思いやり，協力など）で何を大切にしたいですか？

相手へ自分の考えをわかりやすく伝えるようにする。

（2枚目）
【単元を振り返った私の成長】

　会話を続けたりするために，今回のレッスンでは，隣の人との説明で，あまりジェスチャーを使い過ぎず，「考え」と「理由」をセットで伝えるようにしました。理由一つ目，理由二つ目と伝えるととてもわかりやすくなりました。
　コミュニケーションの面でも，なるべく聞き取りやすい声，表情，姿勢をきちんとするようにしました。いままでとは違った伝え方ができるようになり，コミュニケーションの幅が広がりました。

図49. プログレスカードによる実際の生徒Aと生徒Bの目標設定とその振り返り

◆プログレスカード（単元カード）を活用する

　生徒の英語学習の目標設定と振り返りは，「プログレスカード」を活用する。「プログレスカード」内に図49（p89）のように生徒に記述をさせる（前述した「プログレスカード」の項目の一部抜粋と，筆者が担当した生徒の実際の振り返りの記述を掲載する）。

◆英語の授業でのプラスの波及効果を生み出すために，生徒の成長を肯定的に価値付ける「見取り・励まし」を実施する

　「学びに向かう力，人間性等」は直接的に評価することがむずかしいため，生徒の記述内容から見取り，励ますようにしたい。方法は，学校行事，道徳の時間などの生徒の振り返り記述に対するフィードバックの仕方を参考にするとよい。生徒のよいところを取り上げ，生徒が人として成長したところを価値付けることで，生徒と教師の関係はよりよい方向に進む。具体的には表8の方法があり，教師の実行可能な範囲で実施したい。

　授業のなかで表8の②，③を生徒と英語で実施することも可能である。②の例として，生徒が「私はこのレッスンで，世界の平和の大切さについて考えるようになりました」と振り返ったときに，教師が "This lesson reminds her of the importance of □□ in the world." と問いかけ，□に当てはまる単語を推測させる。生徒は友達のコメントなどで興味をもって考え，語彙を推測しようとする。こういった生徒たちの「学びに向かう力，人間性等」を英語で考えることも，英語の授業活性化につながる要素になる。また，そういった生徒たちの振り返りを担任ならば学級だよりで保護者に，級外担当ならば学級担任に教えてあげることで，プラスの波及効果が生まれる。

表8．教師の「見取り・励まし」の具体的な方法

具体的方法	長所と短所
①コメントをする	・長所……生徒一人一人と担当教師の間に信頼関係を形成することにつながる。 ・短所……生徒一人一人へのコメント書きになるため，時間が必ずかかる。
②タブレットを活用し，写真データで学級全体に紹介する	・長所……抽出生徒を数名選び，授業の冒頭で「前回の振り返りで，○○さんは△△の大切さについて考えていました。素晴らしいです」とフィードバックする。 ・短所……一部の生徒にしかフィードバックできない。また紹介するときには，事前に生徒に確認する必要もある。
③振り返り内容を生徒同士で相互評価する	・長所……平和，人種問題，環境問題など，社会的な話題について考えた単元では，生徒同士の考えを交流することに意味が生まれる。 ・短所……相互評価の時間を設定しなければならない。

［第 2 章の附録］本文中の評価問題の正答例

［思考・判断・表現］

図 22 （聞くこと，p62）
①人々を幸せにする　②美術　③結び付ける　④情熱　⑤（私が作る）花火

図 23 （書くこと，p62）
I want to be a singer.

I have two reasons.

First, I am interested in singing.

Second, I want to make my own songs.

In conclusion, I want to practice singing hard to make my dream come true.

Thank you for listening.

図 24 （読むこと，p63）
(1) ①新鮮な魚を食べることが好き　②興味がある　③料理したい
(2) 私は漁で，魚，科学技術と私の願いを結び付けることができる。　(3) イ

図 25 （読むこと，p64）
(1) Japanese Cultural Activities
(2) ①ウ　②エ
(3) ウ
(4) これらの三つの活動はほかの活動よりも興味深いです。
(5) ①○　②×

図 26 （書くこと，p65）
"Some Popular School Events"

Thank you for your request.

This table shows some popular school events.

The Sports Festival is the most popular on the list.

I think the students like running and cheering.

Thank you for taking time to read this.

[知識・技能]

図27（知識, p68）
(1) quickly　　(2) send　　(3) main　　(4) easy　　(5) wish

図28（知識, p68）
(1) When　　(2) If　　(3) because　　(4) before

図29（知識, p68）
(1) smaller　　(2) the longest　　(3) more popular　　(4) old

図30（技能（書くこと）, p71）
(1) call him　　(2) make you

図31（技能（書くこと）, p71）
(1) have loved / for　　(2) have been / since　　(3) has played / for

図32（技能（書くこと）, p71）
(1) larger than　　(2) the highest mountain　　(3) as tall as

図33（技能（読むこと）, p72）
(1) ア　　(2) イ

図34（技能（聞くこと）, p72）
(1) イ　　(2) ア

図35（技能（読むこと）, p73）
(1) ア　　(2) ウ　　(3) イ

図36（技能（聞くこと）, p74）
(1) イ　　(2) ウ　　(3) エ　　(4) ア

図37（技能（読むこと）, p74）
①ア　　②ウ

図38（技能（書くこと）, p75）
(1) I was cooking　　(2) I was playing soccer　　(3) No, I wasn't

第3章

聞くことの
評価プラン

日常的な話題について
必要な情報を聞き取ろう

単元の学習課題 テレビやラジオの放送等から，興味や関心のある事柄についての情報をどのように聞き取るか。

単元の特徴と育てたい力

　この単元ではニュースやコマーシャルから情報を得て，その情報をほかの人に知ってもらうために的確に伝えることを目的とする。ニュースやコマーシャルは流れてくる内容の概要や要点を自らが意図せずとも自然と捉える場合もあれば，必要な情報を得るために自ら意図して視聴する場合もある。この単元ではおもに興味・関心のある事柄についての情報を聞き取り，知りたい情報を得ることを目標とする。ニュースやコマーシャル，アナウンスなどでよく使われる表現や構成の工夫を学びより「聞くこと」に慣れていくこと，また「聞くこと」のみならず自分が得た情報をほかの人にも知ってもらうために的確に伝える方法を学ぶことも，単元の目標として掲げる。得た情報を自分なりに咀嚼し（思考），情報を取捨選択したり，適切な語句を見付けてほかの人に伝えたり（判断・表現）するために，「話すこと」や「書くこと」との技能統合をした活動も設定する。

　新出の言語材料である後置修飾は「どんな人・ものか」を伝えるために重要であり，習得することで，聞き取りや表現方法の幅も圧倒的に広がる。また，題材内容である新しいサービスや世界のイベントや祭りについての知識を得ること，さらには，自分自身の地域特有の人やものについて発信するという活動から，異文化交流や情報化社会の学習にもつながる単元内容である。

単元の評価規準

知識・技能	思考・判断・表現	主体的に学習に取り組む態度
○　（知識）後置修飾を用いた表現の特徴やきまりを理解している。 ○　（技能）後置修飾に関する知識をもとに，人やものについて説明された文章の内容を捉える技能を身に付けている。	○　興味や関心のある事柄についての情報を得るために，テレビやラジオの放送やアナウンスを聞いて，知りたい情報（必要な情報）を捉えている。	○　興味や関心のある事柄についての情報を得るために，テレビやラジオの放送やアナウンスを聞いて，メモを取ったり，聞き取れなかったことを知るために質問したり，自ら調べたりしようとしている。

教材：「News and Ads」『ONE WORLD English Course 3』教育出版
内容のまとまり（学習指導要領）：聞くこと　ア

指導と評価の計画（8時間）　観点の黒丸は総括に用いる評価（記録に残す評価）

次	学習過程		
1 (2)	○ 後置修飾（現在分詞）を用いた英語を聞いて，絵のなかのどの人やもののことを伝えているのかを聞き取る。 ○ 教科書本文にあるニュース動画で，レポーターが何について，そしてどのような人物について伝えているのかを聞き取る。		
	○ レポーターになりきったクラスメイトの実況中継を聞き，どのような人物について伝えているのかを聞き取り，聞き取った情報をもとに，どのような人物であるのかをクラスメイトに伝える。		
2 (2)	○ 後置修飾（過去分詞）を用いた英語を聞いて，絵や写真のなかのどの人やもののことを伝えているのかを聞き取る。 ○ コマーシャル動画で，どんなサービスについて話しているのか，またそのサービスの特徴は何かを聞き取る。		
	○ 友人が考案した商品（サービス）の説明を聞き，どのような商品（サービス）であるか，利用または購入したいかどうか，理由を加えてクラスメイトに伝える。		
3 (2)	○ 後置修飾（接触節）を用いた英語を聞いて，絵や写真のなかのどの人やもののことを伝えているのかを聞き取る。 ○ ニュース動画で，ハワイのパン・パシフィック・フェスティバルについての実況中継を聞き，どのような祭りなのかを聞き取る。		
	○ レポーターになりきって，各自で選んだパン・パシフィック・フェスティバルのワンシーンを実況中継し，お互いに聞き合う。		
4 (2)	○ 教科書本文を参考にし，海外の中学生に日本の学校生活や行事を紹介するためのスライドショーを作成する。 ○ クラス内で聞き合い，海外の中学生がもっと知りたいと予想されることを共有し，よりよいものにする。	思 主 ▷ p98	
	○ ALTのことをさらによく知るために，出身国についての話を聞き取る問題に取り組む。	思 ▷ p102	
定期テスト	「知識・技能」を評価するために，新出の言語材料を使用した文を正確に聞き取る問題と，「思考・判断・表現」を評価するために，コミュニケーションの「目的や場面，状況」を設定し，商品説明や実況中継等を聞いて，概要や要点，必要な情報を聞き取る問題に取り組ませる。	知 思 ▷ p105	

留意点

● 2時間の設定にしてある箇所は，生徒の実態と教師の普段の授業構成を考慮したうえで授業の構成をする。

● 生徒が自信をもって言語活動に取り組むことができるように，知識・技能習得のための基本的な練習や教科書本文の音読を丁寧に行う。

● 複数回にわたってワークシートを使用する場合には，記入する際に戸惑うことのないよう，レイアウトを決めておくとよい。

単元のおもな評価場面

【見取り・励まし】

[目標設定]

・それぞれの生徒の実態に応じて，どのように単元の目標達成に向けて学習に取り組めば
いいか，目標設定のサポートをする。

[単元の授業]

・単元の学習課題をもとに，日常的な話題について，それぞれのコミュニケーションの
「目的や場面，状況」を意識しながら，必要な情報を聞き取る活動に取り組む（第１～６
時）。

【単元の学習課題】
テレビやラジオの放送等から，興味や関心のある事柄についての情報をどのように聞
き取るか。

生徒のやる気ステップ

聞き取れない単語が
いくつかあるけど，
面白くてためになり
そうだし，やってみ
ようかな……

会話の単語や文法が
わからなくても「こ
んなことを言ってい
るのかも？」と思え
るようになってき
た。興味をもって聞
くようにすると，よ
りわかるな。

【見取り・励まし】【評価】

[評価1：ヤマ場の課題]
・単元の学習を総括する活動を組み、おもに「思考・判断・表現」を形成的評価、「主体的に学習に取り組む態度」をミニ総括的評価として評価する（第7, 8時）。

【課題】
日本の学校生活や行事を海外の中学生に紹介するスライドショーを作成し、クラスメイトとお互いに聞き合ってよりよいものにしよう。

・やる気スイッチ度　　　★ ★ ★
・評価の公平性・妥当性・信頼性　★

▷ pp98-101

【評価】

[評価2：ミニテスト]
・授業内ミニテストとして単元の学習課題とパラレルなパフォーマンスを伴う課題を提示し、「定期テスト」に向けた生徒の力試しとして実施する（第7, 8時）。

・やる気スイッチ度　　　★ ★
・評価の公平性・妥当性・信頼性　★ ★

▷ pp102-104

[評価3：定期テスト]
・単元の学習課題をダウンサイズしたペーパーテストを実施し、「知識・技能」「思考・判断・表現」をミニ総括的評価として評価する。

・やる気スイッチ度　　　★
・評価の妥当性・信頼性　★ ★ ★

▷ pp105-108

テストはうまくできそうだし、英語の放送を聞き取るポイントがわかったよ。機会があれば、海外のニュースを字幕無しで見ることにも挑戦してみたいな！

ヤマ場の課題（2時間の学習活動）

【課題】　海外の中学生に日本の学校生活や行事を紹介しなさい。

　[コミュニケーションの目的や場面，状況]
　・海外の中学生に日本への興味をもってもらうために，日本の学校生活や行事を紹介します。
　　どのように紹介をしたら楽しんで観てもらえるのか，そしてより興味をもってもらえるの
　　か，クラスメイトやALTからアドバイスをもらいながら，よりよいものをつくりましょう。

　[条件]
　・写真や絵（3枚以内）を使ってスライドショーをつくり，興味をもってもらえるように工
　　夫しましょう。

指導と評価のポイント

① 　**生徒が主体的に取り組める活動を設定する。**

・本単元の課題である，「興味や関心のある事柄についての情報を得るために，テレビやラジオの
　放送等を聞いて，知りたい情報を得ることができるか」ということを幅広く捉え，言語材料をき
　ちんと押さえたうえで，生徒自身の身近な「伝えたい」を大切にした「書くこと」や「話すこと」
　の領域と統合させた活動を通して「聞くこと」の力を育てる。

② 　**教科書のニュース，コマーシャル動画で使われている表現の復習を行う。**

・教科書から知識として学んだことを実際に活用できるようにするために，使われていた表現をも
　う一度確認する時間を設ける。

③ 　**英語を使う必然性をもたせるために，海外の中学生に向けて発信するという目的を提**
　　　示する。

・ALTの出身地や姉妹都市などのつながりを活用して，実際に交流できる機会をもてるようにし
　たい。
・発信する際に，個人情報の問題や使用する写真や絵の著作権の問題が起こらないよう配慮する。

④ 　**伝える相手のバックグラウンドを考慮する必要性について考える。**

・発信先の相手により興味をもってもらうために，伝える相手のバックグラウンドを考慮する必要
　性の有無について考える時間を設ける。
　（例）インターネットでの配信と考え，「全世界に発信する」とするのか，それとも「特定の地域
　　　　の誰か」に向けた発表にするのかで内容に変化をもたせる。

⑤ 　**クラスで視聴し合う活動を通して，アドバイスをし合い，よりよいものにする。**

・聞き取った内容，アドバイス等を記入するためのワークシートを用意する。
・録画前のプレゼン形式にすることもできるし，録画したものを学習支援ツールなどで事前に配信

させ，タブレットを使用して視聴することもできる。

・「聞くこと」の評価を行うためには，聞き取ったことを全体やグループ内で確認する前にワークシートを回収する必要がある。すぐにアドバイスをし合ったり共有したりしたい場合には，聞き取った直後に学習支援ツールを使ってワークシートを撮影し，教師宛に送るという方法を取ることができる。また，紙ベースのワークシートではなく，それぞれ使用している学習支援ツールを使ってできるようであれば，オンライン上で2回に分けて提出させることもできるだろう。

・クラスの人数によっては全員のスライドショーを視聴するには時間がかかりすぎるため，グループ分けをして聞き合ったり，ペアで行ったり，個人に割り振ったりして行うのが妥当である。

⑥　生徒の実態に合わせた形態での活動とする。

・ここでは個人での課題（活動）としたが，生徒の実態に応じてグループで協力して行う課題（活動）としてもよい。

資料 生徒に提示するモデル発表作品の例

※実際はスライドに音声が吹き込まれたスライドショーになっている

（スクリプト）

Konnichiwa! Hello!

I would like to introduce Takasaki Daruma-Ichi. Daruma is a traditional round-shaped doll and Ichi means "market". The market held in Takasaki City on January 1st and 2nd has attracted thousands of people for many years. Many people come to this festival to buy Daruma. This event has a long history.

Look at the man getting a daruma from his car.
There is a drive-through section at the market, so you can get one without getting out of your car.

A Daruma is a traditional round-shaped doll many people try to get on New Year's Day. They make a wish to the doll.

Daruma is usually red, but they are made in other colors, too. Every color represents different wishes and has different meanings. If you are interested in this festival, please come to Takasaki on New Year's Day. Or if you just want to buy a Daruma, you can get one online. Buy one and make a wish for good luck this year!

写真提供（3枚とも）
一般社団法人高崎観光協会

ヤマ場の課題の評価基準

思考・判断・表現 （指導に生かす評価）

▼ 評価内容

観点	達成項目／採点基準	評価材料
① 全体のトピックの理解	☐ 的確な質問をしたり，アドバイスをしたりするために必要な情報（全体として何のトピックについて話されているのか）を捉えることができている。	ワークシート
② それぞれのスライドで話者が伝えたい内容の理解	☐ 的確な質問をしたり，アドバイスをしたりするために必要な情報（それぞれのスライドで話題になっているものがどのようなものか）を捉えることができている。	

▼ カッティングポイント

B評価 ①の観点の達成項目を達成できている。（p108の＊1参照）
A評価 ①と②両方の観点の達成項目を達成できている。

留意点

●「目的や場面，状況」に応じたコミュニケーションを図る力を重点的に評価し，新出の言語材料（ここでは後置修飾）の聞き取りは後述する「定期テスト」で評価をする（p108の＊2参照）。
●発表する生徒の英語に対する得意や不得意，意欲の差によって聞き取りの素材の質に差異ができてしまい，評価の公平性が保たれないことも考えられる。「ヤマ場の課題」で詳細な理解度を測る場合は，指導の過程で，生徒の実態に合わせて丁寧に指導すること，ワークシートを工夫することが必要である。

主体的に学習に取り組む態度 （総括に用いる評価）（p108の＊3参照）

▼ 評価内容

観点	達成項目／採点基準	評価材料
① 全体のトピックを理解しようとしている態度	☐ 的確な質問をしたり，アドバイスをしたりするために必要な情報（全体として何のトピックについて話されているのか）を捉えようとし，メモを活用している。	ワークシート
② それぞれのスライドで話者が伝えたい内容を理解しようとしている態度	☐ 的確な質問をしたり，アドバイスをしたりするために必要な情報（それぞれのスライドで話題になっているものがどのようなものか）を捉えようとし，メモを活用している。	

▼ カッティングポイント

B評価 ①の観点の達成項目を達成できている。
A評価 ①と②両方の観点の達成項目を達成できている。

留意点

●「必要な情報を聞き取ってメモしようとする態度」を評価するので，書かれていることが必ずしも正答である必要はない。生徒の「聞くこと」のストラテジーを身に付けようとする態度の表れを評価する。
●まとまった長さのスピーチ（意見文）や説明文を聞くときに「メモ」を活用する利点を伝え，聞きながら必要に応じてメモを取るトレーニングを日頃から実施しておくことも必要である。
●この課題のみで評価するというより，長期的に取り組みの変化を観察していくという姿勢が必要である。

ヤマ場の課題の評価の実施例

例1 ワークシート

♪ 紹介を聞き合おう ♪

3年　　組　　番 名前

トピック（話題）	たかさき だるま
話題についてわかったこと（詳しく）	スライド1 だるま マーケット 1月1日, 2日 スライド2 くるま 　ドライブスルー スライド3 赤, たくさんの色 オンライン
【疑問点や興味をもったこと】	【アドバイス】

思考・判断・表現　B評価

・観点①について, トピックに「たかさき」「だるま」, スライド1のなかに「マーケット」という語も書いているため, 全体のトピック（話題）は聞き取ることができており, 何のことについて話されているか捉えていると判断する。
・観点②について, 単語が断片的にしか書かれておらず, 聞いてわかる単語のみを数個書いたにすぎないと考えられる。したがって, 話者が伝えたい内容を理解しきれておらず, アドバイスに必要な情報を得ることができていないと判断する。

主体的に学習に取り組む態度　A評価

・ワークシートのメモから, 全体的な内容, また話者が伝えたい内容を理解しようとしていると判断する（内容が正しくなかったり, 話の流れが読めない断片的な単語のみの回答であったりしても, 聞き取ってメモを取ろうとする態度で評価する）。

例2 ワークシート

♪ 紹介を聞き合おう ♪

3年　　組　　番 名前

トピック（話題）	タカサキ？のダルマ市について
話題についてわかったこと（詳しく）	スライド1 ダルマー丸い, 人形？ タカサキでひらかれるマーケット 毎年も人々をみりょう。赤ーマーケット ダルマ買うために来る。1月1日と2日。 スライド2 ドライブスルー ダルマ買える← クルマおりずに スライド3 ダルマ・伝統的。丸, 人形 ニューイヤーに買うらおねがいする？ ふつう赤 でもたくさんの色, ちがう意味やねがい？ ネットで買える。今年の願いを。
【疑問点や興味をもったこと】 タカサキってどこ？（日本の）— 赤以外にどんな色？— 意味や願いは？ そもそも赤の意味？	【アドバイス】 →タカサキの場所を説明するとよい？ →赤以外の色を紹介するとよい。 （願いや意味も紹介する？）

思考・判断・表現　A評価

・観点①に関して, 「タカサキ」「ダルマ」「市」と全体のトピック（話題）のすべての要素を聞き取ることができており, 全体として何のことについて話されているか正確に捉えていると判断する。
・観点②に関して, 「話題についてわかったこと」からスライドごとに話されている内容を理解していると判断する。また書かれている内容が, 話されている内容と辻褄が合っていることから, 的確にアドバイスをしたり, 質問したりするだけの情報を捉えていると判断する。

主体的に学習に取り組む態度　A評価

・ワークシートのメモから, 全体的な内容, 話者が伝えたい内容ともにできるだけたくさんのことを理解しようとする態度が見られると判断できる。

ミニテストの課題

【課題】　ALTの出身国について聞き取りなさい。

（スクリプト）

Hello! Do you know there is a famous horse race called the Kentucky Derby? The race happens once a year at Churchill Downs in Kentucky, U.S.A. Twenty horses compete in the race and they are all three years old. The race is 2 kilometers and is about 2 minutes long. Many celebrities and people from all over the country watch the Kentucky Derby online or in-person.

The fashion at the Kentucky Derby is fun to see. For the event, many people like to dress up. Men wear bright or patterned clothing. Women wear colorful clothing and large hats. It is believed that wearing a big hat will bring good luck!

上の3枚の写真はリスニング中に
適宜生徒に提示する

Watching the race is exciting. Everyone chooses the horse they think will win the race. Then, when the horses are racing, everyone cheers for the horse they want to win. The atmosphere and energy are always high! The tickets to see the Kentucky Derby are expensive and difficult to get. I have only watched the race on the television before, but I hope to watch it one day in person! Next time, watch the race with me!

［コミュニケーションの目的や場面，状況］
・ALTが出身国について話します。ALTのことをさらによく知るために，話された内容をきちんと聞き取って，疑問に思ったことに対して質問したり，興味をもったことについて伝えたりしましょう。

［条件］
・メモは日本語で書きましょう。
・質問や興味をもったことについて伝える場合は，英語でチャレンジしましょう。

指導と評価のポイント

①　単元の活動と地続きのパフォーマンス課題を設定する。

・本単元の課題である「興味や関心のある事柄についての情報を得るために，テレビやラジオの放送などを聞いて，知りたい情報を得ることができるか」ということを幅広く捉える。そこで，紹介したり説明したりするかたちは踏襲しつつも「ALTのことをもっと知るために，出身国についての話を聞く」という違うテーマの課題を設定する。そうすることで，異なる内容（テーマ）であっても聞き取れているか見取ることができる。コミュニケーションの「目的や場面，状況」を明確にして提示し，聞いたあとに，より詳しく知るために質問をしたり，興味をもったことに対してコメントしたりする機会を設ける。

②　「ヤマ場の課題」とパラレルな問題を課す。

・「ヤマ場の課題」とパラレルな問題を課すことで，評価の妥当性・公平性を保障する。

・ALTとの打ち合わせを入念に行い，プレゼンテーションの内容がリスニング問題にふさわしいかどうかを確認する。

③　テストの行い方を検討する。

・ALTに実際にその場でプレゼンテーションを行ってもらうと，クラスの雰囲気に左右されたり，話すスピードに差が出たりする可能性があるので，公平性を保障するため，スライドショーや動画として録画したものを流すというかたちにするとよい。

④　ワークシートへの記入の仕方がわからず，問題が解けないということを防ぐ。

・ワークシートの指示を明確にしたり，ワークシートの枠組みを統一したりと，生徒が実際のテストの際に戸惑うことのないように配慮する。

⑤　テストを行った後の指導も大切にする。

・ミニテスト後にスクリプト（p102）を配布し，確認した後にもう一度聞いてみたり，大切な部分を音読したり，内容の構成にふれたりするなど，次につながる指導を心がける。

ミニテストの評価基準

思考・判断・表現 （指導に生かす評価：「定期テスト」に向けた生徒の力試しとして実施する）

▼ 評価内容

観点	達成項目／採点基準	評価材料
① 全体のトピックの理解	□ ALT（の出身国）についてさらに知るために，全体として何のトピックについて話されているのかを捉えることができている。	ワークシート
② それぞれのスライド内容の理解	□ ALT（の出身国）についてさらに知るために，それぞれのスライドで話題になっているものがどのようなものであるのかを捉えることができている。	

▼ カッティングポイント

B基準 ①の観点の達成項目を達成できている。
A基準 ①と②両方の観点の達成項目を達成できている。

留意点

● 「思考・判断・表現」を評価する問題では，単元で扱った新出の言語材料を必ず使用しなければならないわけではない。いっぽうで「知識・技能」を評価する問題では，その言語材料が使用された文を使って問題を作成することになる。つまり，「聞くこと」においては，同じ問題で二つを同時に評価することはむずかしい。したがって，ここでは，「思考・判断・表現」のみを評価する問題を示す。

ミニテストの評価の実施例

例3 ワークシート

♪Amy 先生についてもっと知ろう♪

3年　　組　　番 名前

トピック（話題）	ケンタッキーダービーというホースレース
話題についてわかったこと（詳しく）	スライド1 1年に1回. USA　2キロ 2分 オンラインかインパーソン? で 20のほしレースに. 全部3才? たくさんの人が見る スライド2 ファッションがおもしろい 男の人→? 女の人→ カラフル 大きいハット → グッドラック スライド3 エキサイティング みんなうまえらぶ エナジーがハイ→高い エイミーはテレビでみた 次一緒に

【疑問点や興味をもったこと】	【質問やコメント】(英語)
・大きい帽子が幸運をもたらすこと ・全部3才の馬　・賞金どのくらい? ・いつ開さいされる	Why are they all three years ? How much can we get ? When is the race ?

思考・判断・表現　A評価

・観点の①に関して，すべての要素を聞き取ることができており，全体として何のことについて話されているか正確に捉えていると判断する。
・観点の②に関して，「話題についてわかったこと」からスライドごとに話されている内容を理解していると判断する。また書かれている内容が，話されている内容と辻褄が合っていることから，疑問に思ったことを質問したり，興味をもったことに対してコメントをしたりするのに必要なだけの情報を得ることができていると判断する。

評価3 ▶ 定期テスト

やる気スイッチ度　　　　★
評価の公平性・妥当性・信頼性　★★★

定期テストの問題1（聞くこと，思考・判断・表現）

【問題】　あなたはお掃除ロボットを購入しようか迷っています。これから流れるコマーシャルを聞き，購入を検討するための情報を得ることにしました。以下の条件を一つでも満たしていなければ購入しません。あなたは購入するかしないかを，二つ以上の理由と共に答えなさい。理由はコマーシャルで伝えられているものを具体的に書きなさい。

[条件]
・できるだけ安く買える
・部屋全体をきれいにしてくれる
・遠隔操作ができる

写真：naka/PIXTA

購入：　　する　　・　　しない

理由：＿＿＿＿＿＿＿＿＿＿＿＿＿＿＿＿＿＿＿＿＿
　　　＿＿＿＿＿＿＿＿＿＿＿＿＿＿＿＿＿＿＿＿＿
　　　＿＿＿＿＿＿＿＿＿＿＿＿＿＿＿＿＿＿＿＿＿

（スクリプト）

　　Do you have time to clean your room? Do you want to get something to help you clean up? Look at this robot cleaning the floor! It's Clean-Me, a cleaning robot made for people like you! It will be a big help. It can clean not only floors but also walls and windows! If the battery is full, it can move for up to 10 hours! If you have a smartphone connected to Clean-Me, you can move it anytime you want to. The price is 20,000 yen, but now you can get a 5,000 yen discount. So, it's 15,000 yen! Now you can get a trial for one week for free. Contact us right now! Get Clean-Me and enjoy your life more!

定期テストの問題2(聞くこと，技能)

【問題】 パーティに参加したエイミーが，ハナに写真を見せています。会話を聞き，内容に合う数字と語を①と②の（ ）に入れ，③と④の（ ）にあてはまる人物をA ～ Eの中から選びなさい。

① 開催日 （　　　　）月（　　　　）日
② 写真の撮影者 （　　　　　　　　　）
③ Kumi：（　　　　　　　　　）
④ Ms. Green：（　　　　　　　　　）

(スクリプト)

Amy: I joined a Halloween party. It's a yearly party held in October.
Hana: Was it held on 30 this year?
Amy: No, it was held on 29. Look, this is a picture I took at the party.
Hana: Who is the girl wearing a cat costume?
Amy: She's Kumi. Can you see a woman making peace sign? That's Ms. Green.
Hana: Oh, I never thought that's her.

※生徒の実態に合わせて，問題を変えたり，2，3問に分けて行ったりすることもできる。

指導と評価のポイント
① 単元の課題とパラレルな問題を作成する。

・「定期テスト」などのペーパーテストでは，本単元の新出の言語材料である後置修飾を意識した「知識・技能」を問う問題と，ニュースやコマーシャルにあるような商品説明や実況中継などの場面を活用した「思考・判断・表現」を問う問題を作成したい。指導と評価を一体化させるために，授業で指導した活動のパラレルな問題を提示する必要がある。教科書の内容を踏襲した問題でもよいし，言語活動で行った活動を踏襲したものでもよい。

・「聞くこと」の「技能」は，話される文を聞いて，その内容を正確に捉えることができるかどうかで評価する。音声に関わる言語材料（語と語の連結による音の変化）を「知識・技能」で評価することもできるが，ここでは新出の言語材料を使用した文を正確に聞き取れるかということをおもな評価材料にしたい。したがって，長くまとまった内容を聞かせるのではなく，短めの内容を聞き取らせる問題をつくり，適切に評価を行いたい。さらには，新出の言語材料を自然に取り入れ，実際の「コミュニケーションの場面」に近づけた問題を作成する必要がある。

・「聞くこと」の領域の「思考・判断・表現」の評価は，話される文章などを聞いて必要な情報，概要，要点を捉えることができるかどうかを評価する。その際には，新出の言語材料を必ず使用する必要はなく，その代わりに場面や状況を設定し，聞き取るための目的を指示する必要がある。ここでは，この単元の課題である「必要な情報を得る」という観点に着目した問題を示す。

② 評価したい能力を明確にする。

・例えば，「定期テスト」などのペーパーテストで「聞くこと」の技能を正確に評価したいのであれば，技能統合型の評価問題は避ける必要がある。

定期テストの評価基準

思考・判断・表現 （総括に用いる評価）

▼ 評価内容

観点	達成項目／採点基準	評価材料
①　必要な情報（要点）を捉えることができるか。	□　購入の条件に当てはまるかどうか，判断の基準となる必要な情報（要点）を捉えることができている。	ペーパーテスト

▼ カッティングポイント

B基準　購入するという決断に加え，理由を一つ述べることができている。

A基準　購入するという決断に加え，理由を二つ以上述べることができている。

留意点

- 誤った理由が入っていても減点はせず、購入するというのが合っていれば加点したい。
- 理由の二つは三つの条件のどの組み合わせでもよい。また日本語の表現の間違いについては，柔軟に対応する。三つの条件の表現をそのまま理由に書いている場合には点数を与えない等の対策が必要である。

知識・技能 （総括に用いる評価）

▼ 評価内容

評価項目	正答例	評価材料
問題　4問	①　開催日10月29日 ②　写真の撮影者　Amy（エイミー） ③　Kumi：E ④　Ms. Green：D ペーパーテスト	ペーパーテスト

定期テストの評価の実施例

例4 ペーパーテスト

購入:
・する
理由:
・スマートフォンで操作できる

思考・判断・表現　B評価

・購入するという決断に加えて，「遠隔操作ができる」という条件に基づいて理由を一つ述べることができていると判断する。

例5 ペーパーテスト

購入:
・する
理由:
・今なら5000円引きで購入できるし，窓や壁も掃除してくれるから
・窓や壁も掃除してくれるし，スマートフォンをつなげればいつでも掃除ができるから

思考・判断・表現　A評価

・購入するという決断に加えて，「できるだけ安く買える」「部屋全体をきれいにしてくれる」「遠隔操作ができる」という三つの条件を踏まえて複数の理由を述べることができていると判断する。

注

＊1　日本の学校生活や行事という設定のため，既存の知識があること，またスライドを視聴しながら聞き取るという活動の特性から視覚的な補助がリスニングに影響することも考えられる。そのため，観点①よりも，観点②に重きをおいて評価する必要がある場合がある。

＊2　例えばこの課題では，「クラスメイトが作成した海外の中学生に向けて発信される予定の紹介スライドショーを視聴し，アドバイスするために必要な情報が十分に得られているかどうか」が評価のポイントとなる。

＊3　この言語活動自体は，「話すこと」または「書くこと」が中心であり，技能統合の要素をもつ活動であるということを忘れてはいけない。生徒の取り組みの過程や成長をきちんと測るために，「疑問点やもっと知りたいと思うことを質問し合うこと，さらにはお互いにアドバイスし合ったり，自分で調べたり，教師に聞いたりするという過程を繰り返し，よりよい内容のスライドショーにしようとしているか」を観察する。これが，「話すこと」や「書くこと」の「主体的に学習に取り組む態度」の評価となりえるだろう。このブラッシュアップしていく過程の活動は英語で行う必要はなく，建設的なものとなるように日本語使用可としたい。

第4章

読むことの評価プラン

世界の平和や人権について ガンディーの伝記を読んで語り合おう

ガンディーの伝記から，彼の平和や人権に対する考えをどのように読み取るか。

単元の特徴と育てたい力

　この単元では，インドの民主独立運動の最高指導者であるガンディーの伝記を読み，彼の非暴力を基本にした抵抗運動の内容について学ぶことで，彼の考えや生き方について理解を深め，平和や人権について考えることができる。

　「読むこと」において，文法や文の意味を理解しただけでは，正確な内容理解とはいえない。本文に込められたメッセージ（書き手が最も伝えたいこと）を読み取ることが大切である。そのために必要な「読むこと」の力は，概要や要点を捉え，ガンディーの活動や言葉について深く考えることである。伝記は時間の流れに沿って書かれており，年号などの時を表す言葉に注目しながら全体の流れをつかまなければならない。そこで，ガンディーが直面した人権問題，それを解決するための行動，人々に与えた影響など，時間軸やそれらを表す表現に着目しながら捉える力を養っていく。そのなかで，印象に残ったことや疑問に思ったことについて，自分の気持ちや考えをグループで話し合うことで，ガンディーの平和や人権に対する考えを読み取らせたい。

　具体的な手立てとして，思考力・判断力・表現力を高めるためのリテラチャー・サークル（Literature Circle，本文を読み，その内容についてグループで話し合う生徒主体の活動）を行う（リテラチャー・サークルについてはp122の＊1〜3参照）。リテラチャー・サークルを通して「主体的・対話的で深い学び」に迫ることで，生徒が教科書にあるさまざまな内容を深く理解し自分の生活や生き方と結び付けて考えられるようになると，学ぶ意味を発見し，自分の世界を広げていくことができる。本単元においてはガンディーの考えや生き方について多様な見方や考え方に出会い，この本文だからこそ学べる平和や人権についての考えを深めることができるのである。

単元の評価規準

知識・技能	思考・判断・表現	主体的に学習に取り組む態度
○ （知識）接触節と，関係代名詞を用いた文の特徴やきまりを理解している。 ○ （技能）接触節と，関係代名詞を用いた人を紹介する短い文を読み取る技能を身に付けている。	○ ガンディーの考えや生き方から平和や人権について考えたことや感じたことを伝え合うために，ガンディーの伝記の概要や要点を捉えている。	○ ガンディーの考えや生き方から平和や人権について考えたことや感じたことを伝え合うために，ガンディーの伝記の概要や要点を捉えようとしている。

教材：「A Legacy for Peace」『NEW HORIZON English Course 3』東京書籍
内容のまとまり（学習指導要領）：読むこと　イ，ウ

指導と評価の計画（11時間）　観点の黒丸は総括に用いる評価（記録に残す評価）

次	学習過程	
1 (2)	○ 本文を読んで，ガンディーについてわかったことを伝え合う。	
	○ 接触節を用いて人やものについて詳しく説明する。	
2 (2)	○ 本文を読んで，ガンディーが行ったことを読み取り，その内容を伝え合う。	
	○ 関係代名詞whoの主格を用いて，人を詳しく説明する。	
3 (1)	○ 接触節や関係代名詞whoやwhichの主格を用いて，人やものを紹介するクイズを出し合う。	
4 (2)	○ 本文を読んで，概要や要点を捉え，ガンディーのメッセージについて自分の気持ちや考えを表現する。	
	○ 関係代名詞thatの主格を用いて，人やものを詳しく説明する。	
5 (2)	○ 本文を読んで，概要や要点を捉え，「塩の行進 (the Salt March)」について自分の気持ちや考えを表現する。	
	○ 関係代名詞that, whichの目的格を用いて，人やものを詳しく説明する。	
6 (2)	【リテラチャー・サークル】 ○ 本文を読み，グループで話し合うための準備（ジグソー学習）をする。 ○ ガンディーの伝記を読んだ感想をグループで話し合うと共に，身に付けた「読み方」を振り返る。	思 主 ▷p114
定期テスト	○ 「読むこと」として，英文の「概要や要点を捉えること」を評価するテストを行う。	思 ▷p118

留意点

●帯活動として，初見の短い英文を読む活動を行い，継続的に読む力を育成する。
●本文を読む活動のあとには，自分の気持ちや考えを英語で話したり書いたりする活動を行い，表現力を高める。

単元のおもな評価場面

【見取り・励まし】

[目標設定]
・生徒のそれぞれの実態に応じて，どのように単元の目標達成に向けて学習に取り組めば
　よいか，目標設定のサポートをする。

[単元の授業]
・単元の学習課題をもとに，社会的な話題について，コミュニケーションの「目的や場面，
　状況」を意識しながら，話の概要や要点を読み取る活動に取り組む（第1〜9時）。

【単元の学習課題】
ガンディーの伝記から，彼の平和や人権に対する考えをどのように読み取るか。

生徒のやる気ステップ

時間軸に沿って読んでいくと内容を理解しやすいな。また，問いをもちながら読んでいくとガンディーの考えや生き方に興味がわいてきた……

印象に残ったことや疑問に思ったことを友達と話し合うことでガンディーの平和や人権に対する考えがわかってきたよ！

【見取り・励まし】【評価】

［評価1：ヤマ場の課題］

・単元の学習を総括する活動を組み，おもに「思考・判断・表現」「主体的に学習に取り組む態度」をミニ総括的評価として評価する（第10, 11時）。

> 【課題】
> ガンディーの伝記を読んで，彼の平和や人権に対する考えについて印象に残ったことや疑問に思ったことなどをグループで話し合いなさい。

・やる気スイッチ度　　　★★★
・評価の公平性・妥当性・信頼性　★

▷ pp114-117

【評価】

［評価2：定期テスト］

・単元の学習課題をダウンサイズしたペーパーテストを実施し，「知識・技能」「思考・判断・表現」をミニ総括的評価として評価する。

・やる気スイッチ度　　　★
・評価の公平性・妥当性・信頼性　★★★

▷ pp118-121

テストはうまくできそうだし，社会的な内容の文章から読み取るポイントや，その面白さがわかったよ。海外メディアが報じる平和や人権の記事にも挑戦していきたいな！

ヤマ場の課題（2時間の学習活動）

> 【課題】　ガンディーの伝記を読んで，彼の平和や人権に対する考えについて印象に残ったことや疑問に思ったことなどをグループで話し合いなさい。
>
> ［コミュニケーションの目的や場面，状況］
> ・あなたは日本全国から中学生が集まって，英語で語り合う中学生会議に参加しています。話し合いのテーマは「平和と人権」です。ガンディーの伝記を読んで，彼がどんな問題に直面し，平和な社会を築くためにどのように問題を解決したか，そして人々にどのような影響を与えたか読み取りましょう。また，メンバーで話し合ってみたいことは何ですか。質問を考えるとともにあなたの考えもまとめましょう。
>
> ［条件］
> ・グループメンバーの一人一人には何について話題を提供するか役割が与えられます。
> ・伝記を読んで，印象に残ったことや疑問に思ったことなどについて，自分の気持ちや考えを伝えたり，グループメンバーに質問したりできるようにしておきましょう。
> ・話し合いの際は，自分の気持ちや考えを即興で伝え合いましょう。
> ・友達の意見に対して，リアクションや関連する質問をして会話を継続させましょう。
> ・話し合いのあと，それぞれのグループでどんなことを話したか報告をしましょう。

指導と評価のポイント
①　深い読み取りを促すために，リテラチャー・サークルを取り入れる（資料1）。

・本単元では「Summarizer」「Illustrator」「Questioner」「Connector」の四つの役割で読み方を経験し交流し合うことで，読み取りの力を柔軟に伸ばす（リテラチャー・サークルの四つの役割についてはp122の＊2参照）。生徒はさまざまな角度から教材を読み話し合うことで自分にはなかった見方や考え方にふれ，深く内容を理解することができる。また「読むこと」の活動にコミュニケーションの「目的や場面，状況」を示すことで，グループで協力して何を目的に話し合うのか明確にし，課題解決を図ることになる。

・リテラチャー・サークルの「話し合い」は安心した明るい雰囲気で，間違いを恐れず楽しんで行わせたい。「話すこと（やり取り）」の活動を通して「読むこと」に関するお互いの読み取りの視点や読み取ったことに対する自分の考えを，主体的に交流できるようにする。生徒の読み取りの視点を見取り，励ましながら，形成的評価を行う。リテラチャー・サークルを行ったあと，ペアで話し合う活動を行い，「話すこと（やり取り）」において総括的評価をすることも可能である。

・公正に評価するために，「思考・判断・表現」については，リテラチャー・サークルの「準備」の場面で，全員に作成させた質問内容を見取る。「主体的に学習に取り組む態度」については，リテラチャー・サークルの「準備」と「話し合い」の場面で見取る。

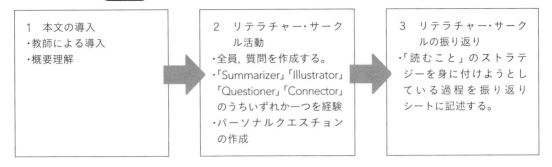

資料1　第6次の流れ（本単元のリテラチャー・サークル）(*3, p122)

| 1　本文の導入
・教師による導入
・概要理解 | 2　リテラチャー・サーク
　ル活動
・全員，質問を作成する。
・「Summarizer」「Illustrator」
　「Questioner」「Connector」
　のうちいずれか一つを経験
・パーソナルクエスチョン
　の作成 | 3　リテラチャー・サーク
　ルの振り返り
・「読むこと」のストラテ
　ジーを身に付けようとし
　ている過程を振り返り
　シートに記述する。 |

② 　全員が質問づくりを経験し，単元で重点を置く「読むこと」のストラテジーを身に付ける。

・「読むこと」の力を見取りたいため，本文の導入後，全員に質問を作成させ，本文の概要や要点を読み取ることができているか評価する。今回の内容は，ガンディーの人権・平和の権利を獲得するまでの時間の流れと，彼の偉業についてである。単元を通して，「読むこと」のストラテジーとして，時間軸を意識し，概要を読み取ることに重点をおく。

・「Questioner」はグループメンバーが作成した質問のなかから話し合いたい質問を選んだり、新たに作成したりする。

③ 　教科書本文の内容を自分ごととして考えるための問いをつくる（パーソナルクエスチョン）。

・「話し合い」への「準備」をする際，パーソナルクエスチョン（本文の内容と個人に関する質問）もつくらせる。それぞれの役割の見方に基づいての話し合いが終わったら，活用して話し合わせるためである。パーソナルクエスチョンは，生徒の教材に対する見方や考え方そのものであり，グループ全員で目的をもって本文を読むための問いになるようにする。立てた問いについては，自分の気持ちや考えを述べられるようにしておくことで，「話し合い」が充実したものになる。生徒がパーソナルクエスチョンをつくるのは，慣れるまでむずかしいため，ＡＬＴにも協力して作成してもらう。「読むこと」の活動を繰り返し行うことで，生徒のパーソナルクエスチョンを設定する力が高まるようにしたい。ガンディーの考えや生き方を深く理解し，平和や人権について考えることができるような問いを立て，そのことに対する自分の気持ちや考えを述べようとしているかを評価する。

資料2　パーソナルクエスチョン（Personal Question）の例

・When you feel that something is unfair, what will you do?
・What do you think of Gandhi's idea of non-violence?
・What do you think about Gandhi's life?
・What is the best way to end discrimination?
・What would you do if you were discriminated against?
・What would you do if there was an unfair law against you and others?
・Would you fight against discrimination like Gandhi?
・Would you follow an unfair law?
・What do you respect about Gandhi?
・What makes a good leader?
・What can we do to make a peaceful world?

ヤマ場の課題の評価基準

思考・判断・表現 （総括に用いる評価）

▼ 評価内容

観点	達成項目／採点基準	評価材料
① 概要や要点を捉える力	□ 本文から概要や要点を捉える質問を作成している。 □ 本文からパーソナルクエスチョンを作成し，その質問に対する自分の気持ちや考えを書いている。	ワークシート

▼ カッティングポイント

B評価	T/F質問，Yes/No質問，5W1H質問を二つ以上作成している。パーソナルクエスチョンを作成している。
A評価	T/F質問，Yes/No質問，5W1H質問を三つ作成している。パーソナルクエスチョンを作成し，その質問に対する自分の気持ちや考えを書いている。

留意点

● 概要や要点を読み取ることを評価するため，文法的な誤りについては少々間違いがあっても構わない。

●"In ～ ,""At that time,""Finally," など，時の流れを示す語句にマークさせるなど，意識しながら読ませる。

●ガンディーがどんな問題に直面し，どのように問題を解決したのか，そして人々にどのような影響を与えたのか，キーワードにマークさせるなど，意識しながら読ませる。

主体的に学習に取り組む態度 （総括に用いる評価）

▼ 評価内容

観点	達成項目／採点基準	評価材料
① 概要や要点を捉えようとする態度	□ リテラチャー・サークルの「準備」の場面において，それぞれの役割に応じて読み取ったことをわかりやすくワークシートにまとめている。	ワークシート
	□ リテラチャー・サークルの「話し合い」の場面において，自分の気持ちや考えを伝えたり，友達に質問したりしながら内容理解を深めようとしている。	録画

▼ カッティングポイント

B評価	①の観点の達成項目を一つ達成している。
A評価	①の観点の達成項目を二つとも達成している。

留意点

●リテラチャー・サークルの活動を通して，生徒の読み取りの視点がどのように変化したか振り返らせ，評価の参考とする。

ヤマ場の課題の評価の実施例

例1 ワークシート

・Gandhi moved to South Africa to fight against discrimination in 1893.（T/F質問）
・When was the law removed？（5W1H質問）

・If you were in India at the time, would you join the Salt March?（パーソナルクエスチョン）

思考・判断・表現　B評価

・本文の概要を捉えることができる質問（T/F質問, 5W1H質問）を二つ作成している。
・パーソナルクエスチョンを作成しているが, 読み取ったことに対して自分の気持ちや考えを述べていない。

例2 ワークシート

・Gandhi decided to be a leader to protect their rights.（T/F質問）
・Was the law removed after many years and much effort？（Yes/No質問）
・What was Gandhi's message?（5W1H質問）

・If you were in India at the time, would you join the Salt March?（パーソナルクエスチョン）
— I would join the Salt March because I want to protect our rights.
（パーソナルクエスチョンに対する自分の考え）

思考・判断・表現　A評価

・本文の概要を捉えることができる質問を三つ（T/F質問, Yes/No質問, 5W1H質問）作成している。
・パーソナルクエスチョンを作成しており, 読み取ったことに対して自分の考えを述べている。

例3 ワークシートと録画
[ワークシート：リテラチャー・サークルの「準備」]

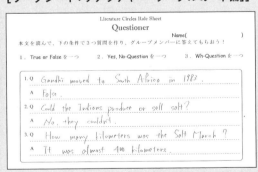

[録画：リテラチャー・サークルの「話し合い」]

生徒A：I think Gandhi is a great hero because he influenced many famous leaders. What do you think about Gandhi?
生徒B：I respect him because he didn't use violence.
A：That's right. Non-violence idea is important to make a peaceful world.

主体的に学習に取り組む態度　A評価

・ワークシートは今までに学習した表現を使って, 本文の概要を捉えることができる内容で質問を作成している。
・録画した映像から生徒Aは, 自分の考えを理由と共に伝えたりメンバーに質問を投げかけたりして, 話し合いを深めようとしている（生徒Aの評価例）。

定期テストの問題1（読むこと，思考・判断・表現）

【問題】　ジョシュは，ガンディーに影響を与えられたマーティン・ルーサー・キング・ジュニア(キング牧師)についても気になり，彼の伝記も読むことにしました。次は，ジョシュが読んだ伝記の内容です。文章を読んで，次の（1）〜（4）に答えなさい。

Martin Luther King, Jr. was born in Georgia, the U.S.A. in 1929. There was a lot of discrimination against African-Americans in the southern part of North America at that time. For example, black people had to go to different schools to white people. ア There were also hotels and restaurants that didn't accept African-Americans.

In 1955, he moved to Alabama. There was also a lot of discrimination there. One day, Rosa Parks, a black woman, was on the bus and was told that she had to give up her seat for a white person. However, she didn't accept it. She was arrested because of that. Many African-Americans were angry and boycotted the bus. Martin Luther King, Jr. decided to lead the movement. He said, "Solve this problem peacefully. Don't use violence." He was influenced by Gandhi and believed that non-violent movements could be effective. The law was removed the next year.

However, the discrimination against African-Americans continued. In 1963, Martin Luther King, Jr. decided to march on Washington, D.C. More than 200,000 people joined him. It was called The Great March on Washington, D.C. He made his famous "I have a dream" speech at the end.

In 1964, his peaceful fight was successful and he received the Nobel Peace Prize. Every year, on the third Monday of January, the U.S.A. celebrates Martin Luther King, Jr. Day to remember him. He was one of the great leaders who stood up against discrimination in the U.S.A. and the world.

（1）　それぞれの段落の概要として適切な説明を記号で選び，答えなさい。

	概要
第1段落	
第2段落	
第3段落	
第4段落	

ア　キング牧師を讃える日について
イ　キング牧師が実際に幼少期に受けた黒人差別について
ウ　キング牧師が人々の前でスピーチをしたことについて
エ　キング牧師が友人と黒人差別を解決する約束について
オ　キング牧師が暴力に頼らない平和的な運動を導いたことについて
カ　アメリカの南部での黒人差別の実例について

（2）　あなたは級友が「Questioner」として作成した質問に答えます。質問に対して，主語，動詞を含めた3語以上の英語で答えなさい。
　　① In 1963, what did Martin Luther King, Jr. decide to do?
　　② In 1964, what did Martin Luther King, Jr. receive?

（3）　下線部アを日本語に訳しなさい。

（4）　次は「Connector」である生徒たちの会話の一部です。本文の内容に正しく基づいた会話を選び，記号で答えなさい。

会話ア	A: What do you think about Rosa Parks? B: I think she was brave because she never gave up her seat. She was arrested but many people were influenced by her.
会話イ	A: What do you think about "The Great March on Washington, D.C."? B: I agree with this movement because many African-Americans were angry and decided to help Rosa Parks without violence.
会話ウ	A: What do you think about discrimination against African-Americans? B: I think it is bad. African-Americans can't go to the same schools with white people in the southern part of North America now.

定期テストの問題2（読むこと，知識・技能）

【問題】　次の（1）〜（3）の［　　］に当てはまる最も適切な表現を選び，記号で答えなさい。
（1）Many African-Americans experienced [　　　　] in America long time ago because of their skin color.
　　ア work　　イ discrimination　　ウ movement　　エ colony
（2）There were [　　] laws in India when it was a British colony. Indians stood up against those laws.
　　ア unfair　　イ non-violent　　ウ expensive　　エ right
　　（正答）
（3）People who didn't follow the laws were [　　].
　　ア accepted　　イ left　　ウ depressed　　エ arrested

※教科書本文の重要表現を問う問題

定期テストの問題 3 （読むこと，知識・技能）

【問題】 次の（1），（2）のBの応答を導く質問として最も適切なものをア〜エから選び，記号で答えなさい。

（1）A: [　　　　　　]

　　 B: I agree with non-violence because it helps make a peaceful world.

> ア When do you feel non-violence?
> イ What can you do to spread the idea of non-violence?
> ウ What do you think of the idea of non-violence?
> エ What does non-violence mean?

（2）A: [　　　　　　]

　　 B: When I wear a school uniform, I feel unfair. It does not give me personal choice.

> ア What do you think of an unfair rule?
> イ When do you feel unfair?
> ウ How many times have you been experiencing unfair?
> エ What can we do to remove unfair rules?

※「ヤマ場の課題」であるリテラチャー・サークルの"Questioner"に関する問題

定期テストの問題 4 （読むこと，知識・技能）

【問題】 次の（1）〜（3）の短い英文を読み，説明している職業を日本語で答えなさい。

（1）They are people who help us when we're sick or hurt. They know a lot about our health and help us feel better.

（2）They are people who help us understand languages. They listen to one person speaking a different language and then explain it in the other person's language.

（3）They are people who help keep our community safe. They catch and arrest people who break the law.

※特定の言語材料（関係代名詞 / 後置修飾）を問う問題

指導と評価のポイント

① 単元の学習課題とパラレルな問題を作成する

・単元の学習課題がガンディーの伝記を通して「平和・人権」について考える内容であったため，関連する内容の評価問題を作成することが必要である。そこで，ガンディーに影響を受けた一人である，マーティン・ルーサー・キング・ジュニアについての内容で作成した例を示した。「ヤマ場の課題」におけるリテラチャー・サークルの活動を通して指導した「読むこと」における「概要を捉える」「要点を捉える」問題を中心に，生徒の「思考・判断・表現」を評価する。

定期テストの評価基準

思考・判断・表現 （総括に用いる評価）

▼ 評価内容

観点	達成項目／採点基準	評価材料
問題（1）4問	第1段落−カ，第2段落−オ，第3段落−ウ，第4段落−ア	ペーパーテスト
問題（2）2問	①He decided to <u>march on Washington, D. C.</u> ②He received <u>the Nobel Peace Prize.</u> ＊下線の主要箇所があっても，主語・動詞が脱落している場合は減点する	
問題（3）1問	アフリカ系アメリカ人を受け入れないホテルやレストランもありました。 ＊There were also~ と関係代名詞の修飾関係の二つの視点から採点する	
問題（4）1問	ア ＊概要読みではなく，それぞれの実例のポイントを理解しているかを問うように選択肢を作成する	

▼ カッティングポイント

B基準	8問中5問以上，正解できている。
A基準	8問中6問以上，正解できている。

知識・技能 （総括に用いる評価）

▼ 評価内容

評価項目	正答例	評価材料
問題2　3問	(1) イ　　(2) ア　　(3) エ	ペーパーテスト
問題3　2問	(1) ウ　　(2) イ	
問題4　3問	(1) 医師　　(2) 通訳者　　(3) 警察官	

*1 リテラチャー・サークルのグループ構成
　　基本は１グループ男女混合４名とする。学級の実態に応じて，「話し合い」が円滑に進められるように，コミュニケーション能力，性格や日頃の人間関係の様子に配慮して教師が決める方法もある。
*2 本単元のリテラチャー・サークルの四つの役割（資料参照）。
　　「話し合い」活動を行うために，グループの一人一人が異なる役割で本文を読む。いくつかの役割があるが，生徒の実態や英語授業の取り組みに合わせ，本実践では以下の四つの役割を採用し，「読むこと」において文章の概要や要点を捉える力を育成する。生徒一人一人に役割が与えられることで，責任感や自覚が芽生え，学びに向かう力の向上も期待される。
　　「Summarizer」……他のメンバーに本文の内容がどのようなものであったかを思い出させるために，本文の要約をする。
　　「Illustrator」……本文の内容に関する重要な場面や印象深い場面のイラストを描く。描いた絵をほかのメンバーに見せ，英語で説明する。
　　「Questioner」……グループメンバーが作成した質問から３個程度質問を選んだり，新たに作成したりする。グループメンバーに質問を投げかけ，ほかのメンバーは英語で答える。
　　「Connector」……本文の内容と，自分の経験や学校・社会での出来事とのつながりを話す。
*3 本単元のリテラチャー・サークルの流れ。
①準備……教科書本文を読み，それぞれの担当する役割に応じて「話し合い」への「準備」を行う。「準備」は，慣れてきたら家庭学習で行うこともできる。
②ジグソー活動……各グループから同じ役割の学習者が集まり，４，５人程度のグループをつくる。同じ役割の学習者同士で話し合い，わからなかったところを聞き合ったり，アドバイスをし合ったりする。それぞれのグループに戻ったとき，自信をもって発表できるようにする。
③ミニ・レッスン……「話し合い」の際に，教師が，有用な英語表現を導入したり，前回の授業で行った「話し合い」の様子の動画を見せたりして，どのようにすればよりよい「話し合い」になるか伝える。
④話し合い……「課題・問題」に迫ることができるよう，それぞれの役割での見方に基づいて話し合う。その後で生徒とＡＬＴと共に考えて作ったパーソナルクエスチョンも活用して話し合う。この「話し合い」は生徒主導で行われ，教師は「話し合い」に参加するのではなく，生徒の様子をよく観察して「話し合い」がうまく進むように助言をするファシリテーターの役割を担う。ここでは，生徒同士の英語による意味のやり取りを十分に経験させることが大切である。「話し合い」の様子はタブレットなどで録画させ，次回の「ミニ・レッスン」で役立てる。
⑤報告……各グループでどのような「話し合い」が行われたか，英語で「報告」を行う。
⑥振り返り……振り返りシートを使って，「話し合い」を通して得られたことや達成できたこと，課題や改善点などについて振り返る。

資料 リテラチャー・サークルの四つの役割活動のワークシート（作例）

第5章

話すこと［やり取り］の
評価プラン

日本に来て間もないALTの困り事について ペアで相談し解決法を提案しよう

単元の学習課題 ALTの日常での困り事を聞いて，ペアで相談し解決法を一つ提案するために，どのようなやり取りをするか。

単元の特徴と育てたい力

　この単元では，教科書掲載のやり取りの学習を契機として，問題解決型トピックを用いたペアでのやり取りを扱う。来日して間もないALTから富山での日常生活のなかのちょっとした困り事を聞いて，ペアでやり取りをしながらよりよい解決法を一つ提案することが求められている。この活動を通して，生徒は自分の意見を述べるだけでなく相手の意見を踏まえながら意見を述べていくことや，対話が破綻しそうなときに使う技能を用いて対話を継続していくこと，やり取りに便利な定型表現を用いて発話交代をすること，そしてやり取りの終盤にはペアで合意形成をして解決法を提案することを学んでいく。

　中学生のペアでのやり取りでは，お互いに自分の意見を言い合うと対話が終了してしまったり，相手の発話をよく理解せずに対話を続けようとするために発話内容がかみ合っていなかったりする様子が見受けられる。また，英語の得意な生徒ばかりが一方的に話し，もう一人は聞き役に徹している場合もある。このようなやり取りにおける課題は一朝一夕では解決しないため，本単元は15〜20分の帯活動として普段の授業で継続的に実践する活動となっている。単元のなかで，対話の継続・発展のためのスキルを高めていくことにより，それぞれのスキルを統合的に発揮してやり取りを進めていくことができるようになる。本活動では，困っているALTからの相談を聞いて，生徒が力になりたいと思うところが動機付けとなる。現実的で実現可能な解決法を一つ提案するというやり取りのゴールに向かって，生徒が既習の言語材料を活用し，思考・判断しながら，伝えたい内容を適切に表現し，伝え合っていく姿を目指したい。

単元の評価規準

知識・技能	思考・判断・表現	主体的に学習に取り組む態度
○ （知識）SVO＋to不定詞，間接疑問文などの特徴やきまりを理解している。 ○ （技能）適切な発話交代を行うための「やり取りに便利な定型表現」を正しく使う技能を身に付けている。 ○ （技能）ALTの悩み事を聞いて考えたことや感じたこと，その理由などをSVO＋to不定詞，間接疑問文など既習表現を用いて伝え合う技能を身に付けている。	○ ALTの困り事への解決法をペアで一つ提案するために，考えたことや感じたこと，その理由などを伝え合っている。 ○ 相手の意見を踏まえた発話を行っている（やり取りのストラテジーを適宜使ったりしている）。	○ ALTの困り事への解決法をペアで一つ提案するために，考えたことや感じたこと，その理由などを伝え合おうとしている。 ○ 相手の意見を踏まえた発話を行うために意味交渉を行い，やり取りのストラテジーを適宜使用しようとしている。 ○ 発話交代を行うために，必要に応じて「やり取りに便利な定型表現」を適切に使用しようとしている。

教材 :「Good Night. Sleep Tight.」『SUNSHINE English Course 3』開隆堂
内容のまとまり（学習指導要領）:話すこと［やり取り］　イ

指導と評価の計画（13時間）　観点の黒丸は総括に用いる評価（記録に残す評価）

次	時	学習過程	
1課（トピック）	1	① ALTの悩み事（資料 I, p141）を聞く。 ② やり取りを録画する（I回目）。 ③ モデル対話（資料2, p141）との比較をする。 ④ 録画した自分たちのやり取りを見てペアで振り返りを行う。振り返りシート（資料4, p142）使用。	
	2	① ペアそれぞれの意見内容のプラスとマイナスの両面を考える練習をする。 ② 意見交換の方法を学ぶ。「意見交換に便利な定型表現集」（資料5, p143）使用。	
	3	① やり取りを録画する（2回目）。 ② 録画した自分たちのやり取りを見てペアで振り返りを行う。振り返りシート使用。	
	4	① やり取りを録画する（3回目）。 ② 2, 3ペアを取り上げてクラス全体でシェアリングによる振り返りをする。	思 主 ▷p128
2課（トピック）	5		
	6	**一課, 二課, 三課の関係について** 1課（トピック）につき4時間使用で3課（トピック）あり, 1授業時間のうち15〜20分を帯活動として使用する。1課（トピック）ごとにペアは変える。3課あるので, ペアは3回変わることになる。2課, 3課での学習過程は1課と同じ。	
	7		
	8		思 主
3課（トピック）	9		
	10		
	11		
	12		思 主
ミニテスト	13	① 3課終了後, 第1課（または第2課）と同トピック, 同ペアでやり取りを行う。やり取りは録画する。 ② ペアで, 録画したやり取りを見ながらルーブリックに基づき自己評価をする。その後, 教員からの評価と比較し十分達成している点と今後の課題を自己認識する時間をとり, 次のやり取りの活動に備える。	知 思 ▷p137

留意点

● I課（トピック）につき3回同じペアとやり取りを行う。
● 生徒自身でやり取りの終着点を見極めさせるため, 時間制限は設けない。
● やり取りの録画は生徒自身がChromebookで行いGoogle Classroomにアップロードする。
● ルーブリックは「ミニテスト」の事前に配付し, 評価基準について生徒と共有しておく。
● 本単元には, やり取りを行うだけでなく一連の取り組みが含まれる。これらが連携し, スパイラルにやり取りの力が育成されることを前提に, 生徒も教員も粘り強く活動に取り組む。

単元のおもな評価場面

【見取り・励まし】

[目標設定]
・生徒のそれぞれの実態に応じて，どのように単元の目標達成に向けて学習に取り組めばいいか，目標設定のサポートをする。

[単元の授業]
・単元の学習課題をもとに，日常的な話題について，コミュニケーションの「目的や場面，状況」を意識しながらやり取りする活動（よりよい解決法を導くためのやり取りを考える活動）に取り組む（第1〜3，5〜7，9〜11時）。

【単元の学習課題】
ALTの日常の困り事を聞いて，ペアで相談し解決法を一つ提案するために，どのようなやり取りをするか。

生徒のやる気ステップ

自分の意見は言えるけど，ペアで意見をまとめるのはむずかしそう。ストラテジーや定型表現を使って少しずつ取り組んでいこう。

相手の考えを聞いたり自分の考えを伝えたりしながら，会話の合意をつくるやり取りに慣れてきたよ。相手の意見のよさに注目すると，よりうまくいくな。

【見取り・励まし】【評価】

［評価1：ヤマ場の課題］

・単元の学習を総括する活動を組み、おもに「思考・判断・表現」を形成的評価、「主体的に学習に取り組む態度」をミニ総括的評価として評価する（第4，8，12時）。

【課題】
ALTの日常の困り事を聞いて、ペアで相談し解決法を提案しよう。

・やる気スイッチ度　　　★ ★ ★
・評価の公平性・妥当性・信頼性　★

▷ pp128-136

【評価】

［評価2：ミニテスト］

・授業内ミニテストとして単元の学習課題とパラレルなパフォーマンスを伴う課題を提示し、おもに「知識・技能」「思考・判断・表現」をミニ総括的評価として評価する。

・やる気スイッチ度　　　★ ★
・評価の公平性・妥当性・信頼性　★ ★ ★

▷ pp137-140

困り事への解決法の提案はうまくできそうだし、合意に向けたやり取りのポイントがわかったよ。
こんなふうに海外の中学生ともやり取りやプロジェクトができたら楽しそう！

ヤマ場の課題（15 〜 20分×3回（時間）の学習活動）

> 【課題】　来日して間もない ALT が富山での生活で困っていることを話します。困り事を聞いて，ペアで相談し，解決法を一つ提案しなさい。
>
> ［コミュニケーションの目的や場面，状況］
> ・ALT が富山での生活で困っていることを話します。困り事を聞いてペアで相談し解決法を一つ提案しましょう。解決法に正解があるわけではありませんが，現実的で実現可能な提案をすることが大切です。また，ペアで一つの解決法を話し合うのは，個々の意見をペアでのやり取りを通して理解し合いながら，よりよい提案をつくっていくためです。
>
> ［条件］
> ・ALT の困り事は基本 2 回聞く機会があります。メモを取っても構いません。理解できなかった点についてはペアでのやり取りのなかで確認しましょう。
> ・話す内容をあらかじめ書く時間はありません。はじめから完璧をめざさず，話せることからお互いに話していきましょう。
> ・ペアでのやり取りは，自分たちで Chromebook を用いて録画します。録画はペアでの振り返りの際に使用しますが，Google Classroom にもアップロードして提出します。

指導と評価のポイント

① **ALT 自身が場面や状況を説明し，生徒に活動目的を意識付ける（動機付ける）。**

・課題は，ALT が故郷に持って帰る日本のお土産選びや夜中に掃除をする隣人のせいで眠れないことの相談など，場面や状況を ALT 自身が説明し，生徒がやり取りの目的を理解しやすいよう設定している。生徒にとって身近な存在である ALT が困っていることに対して，自分たちなりの解決法を提案して助けてあげたいという思いがやり取りの動機付けとなる。

② **生徒の必要性から生まれる内容面，言語面の課題に対し，継続的に繰り返し指導する。**

・問題解決のためのやり取りをするなかで，相手の考えをよく理解し，それと関連付けた意見を述べることや，現実的な提案をするためにペアで意見を深めていく必要性が生まれる。また，トピックや相手の発話で理解できない部分を確認する，自分の意見を効果的に伝える，相手と自分の意見内容を比較し，解決法を提案するための合意形成を図ることなどにはどんな英語表現が必要かを，やり取りをしながら生徒自身が考えることとなる。生徒にとって「理解している」ことと「実践できる」こととは異なることを前提に，試行錯誤しながらやり取りを重ねる過程に豊かな言語活動が期待できる。

③ **めざすやり取りを生徒と共有する。**

・本単元のゴールは ALT の悩み事への解決法を提案することであるが，指導のゴールは相手の発話内容と関連付けて自分の意見を言い，対話内容を深めていくことである。そのためにはやり取

りをして終わりなのではなく，生徒自身がやり取りを振り返る時間が大切である。また，授業中や提出された録画のやり取りを見取り，教師が全体に指導する場面も必要である。その際，英語表現はもちろん，やり取りのストラテジーについても指導することが望まれる。

④　**継続的に活動を行う。**

・本単元は普段の授業で継続的に行う帯活動の扱いである。生徒のやり取りにはたくさんの課題が見られるであろうが，一度に多くを指導する必要はない。生徒はやり取りがむずかしいのは語彙が不足しているからと考えがちであるが，指導のポイントはやり取りが困難な理由である相手の発話内容をよく理解できていないことや，言いたいことを既習表現で伝えることに不慣れであること，にどう対処するかにある。継続的に無理なく指導を行うことが大切である。

⑤　**相手の意見に関連付けて自分の意見を言い，対話内容を深めていくための指導をする。**

・中学生にとってほぼ即興で相手の意見に関連付けて自分の意見を言い，対話内容を深めていくことは簡単ではない。授業中にはどのように指導すればよいか，戸惑う教員も多いと思われる。本単元では，この課題に対応するため，以下のようなやり取りのストラテジーを指導している。以下に挙げた以外のストラテジーは章末資料（資料3，p141）として掲載。

やり取りで用いられるストラテジー（一部抜粋，全体像はp141の資料3参照）

（1）対話が破綻しそうなときに用いるストラテジー
・理解チェック……"Do you see what I mean?"など相手の理解を確認すること
・確認チェック……"Did you say that …?"など自分の理解が正しいか相手に確認すること
・明確化要求……"Could you say that again?"など，相手の発話が不明確だったり，聞こえなかったりしたときに相手の発言の明確化を要求すること

（2）一貫性とまとまりのあるやり取りを維持するためのストラテジー
・やり取りの促進……"You really think so?", "Why do you say that?"など，話し手が会話を続けられるよう聞き手が促すこと
・応答……相手の発言に対し，賛成や反対の意も含む応答をすること

・上記のストラテジーは一回のやり取りで身に付くものではなく，やり取りの実際を通して何度も指導する必要がある。また，特に（2）のストラテジーに関しては，やり取りの文脈により必要な言語表現も異なるので，これらのストラテジーの概念を生徒と共有することが大切である。日本語では無意識に行われていることであるが，生徒がこれらのストラテジーを使用することができるようになるには授業での指導が必須である。本単元では，振り返りの時間やクラスでのやり取りの共有の時間を利用して，資料3（p141）のストラテジーの指導を継続的に行うこととする。

⑥　**各活動段階のポイントを押さえながら，実際の指導を行う。**

・［第1次］
ALTの困り事を聞いて，やり取りを行う。困り事はALTが直接生徒に話してもよいし，ビデオ録画を聞かせてもよい。生徒が自分の考えをまとめるために1分程度の時間を取り，その後ペアでやり取りを行う。やり取りの時間制限は設けない。全ペアが終了したら振り返りシートを配付する。生徒はシートの項目を念頭におき，モデル対話として先輩が同トピックでやり取りしている映像を見る。その後，録画した自分たちのやり取りを見ながらシートの項目に沿ってペアで振り返りを行う。生徒が録画したやり取りを見ながらペアで具体的に振り返ることが大切で，振り返りシートの項目はめざすやり取りに必要な要素と一致している。つまりシートを用いて振り返

る内容は，評価の項目（めざすやり取りに必要な要素）と一致していることになる。

・［第2次］

　中学生にとって多面的・多角的に物事を考えるのは簡単なことではない。やり取りにおいて自分の考えを形成したり相手の意見を聞いたりする際にも，一面的なものの見方で捉えている場合が多い。その傾向を改善するために，ペアそれぞれの意見内容のプラス面やマイナス面を考える練習を行う。ペアで双方の意見を確認し，それぞれの意見のプラス面，マイナス面を考えることにより，やり取りのなかでよりよい意見をつくり上げていこうとする意識が生まれるようにする。このような思考法に慣れてくれば，あえてこの練習を取り入れなくても生徒のやり取りは内容面で深まっていく。また，「意見交換に便利な定型表現集」（資料5，p143）はやり取りの発話交代の際に役に立つ表現である。日本語では自然に行っている発話交代だが，英語で相手の意見に関連付けて自分の意見を話そうとしたり相手の発話を促したりする場合に必要な表現を指導する必要がある。定型表現として使い方の確認をする一方，実際にやり取りのなかで生徒が使用しながら定着することを期待したい。

・［第3次］

　やり取り2回目を行う（録画）。1回目と同じペアで行っているので，生徒の意識はより表現面や対話の流れに向けられることになる。その後，振り返りシートを用いて，今回のやり取りについてペアで振り返りを行う。教員は，1回目のやり取り録画と今回の授業中のやり取りの見取りから生徒の課題意識を把握し，全体に指導を行う。生徒が指導内容を理解していてもすぐに実践できるとは限らないので，教師・生徒共に粘り強く練習を重ねることが大切である。

・［第4次］

　やり取り3回目を行う（録画）。可能ならALTが授業に参加するとよい。録画したやり取りはGoogle Classroomにアップロードされ，教師が確認，評価を行う。本時は，同トピックでのやり取りの最終回となるので，シェアリングのためにクラス全体の前で2，3ペアにやり取りをしてもらう。シェアリングではやり取りの内容，提案された解決法の確認と共に，振り返りシートの項目に沿って発表ペアのよい点を共有するようにする。また，表現面についても他ペアが取り入れられるものを確認する。

ヤマ場の課題の評価基準

思考・判断・表現（指導に生かす評価：ミニテストで測りたい「思考・判断・表現」の評価基準の設定）

▼ 評価内容

観点	達成項目／採点基準	評価材料
① やり取りの内容 【振り返りシートの項目 1，2，3，4に該当】	☐ トピックや相手の発話内容を理解できている。 ☐ 自分の意見を理由と共に述べることができている。 ☐ やり取りの流れのなかで，相手の意見と関連付けながら自分の考えを述べていくことができている。	やり取り ・書き起こし ・録画された映像 ・授業中 いずれの方法でもよい
② 意味交渉 【振り返りシートの項目 5に該当】	☐ 相手の発言内容がわからないときや自分の発話が理解されているか確信がないときなど，やり取りが破綻しそうなときに意味交渉を行い，対話の立て直し・継続ができている。	
③ 合意形成 【振り返りシートの項目 6に該当】	☐ やり取りの終盤で，ペアでの意見を組み合わせる，片方の考えに理由をもって同意する，よりよい案をペアでつくる，などの過程に貢献することができている。	

▼ カッティングポイント

B評価　やり取りのなかで，①～③の観点の達成項目それぞれについて1回は達成できている。②に関しては必要な場面で適切に行われているかを評価する。

A評価　やり取りのなかで，①～③の観点の達成項目それぞれについて2回以上達成できている。②に関しては必要な場面で適切に行われているかを評価する。

留意点

●単元の課題は，おもに「思考・判断・表現」と「主体的に学習に取り組む態度」に焦点を当てて評価する。即興で話すやり取りにおいて，生徒の発話には通常多くのミスが見られる。それらのミス一つ一つを取り上げるのではなく，今回のやり取りの指導のゴールを目指し，単元の課題においては，「知識・技能」に関する英文の正しさは評価の対象としない。「知識・技能」に関しては，後述する「ミニテスト」で評価する。

●「思考・判断・表現」の評価のポイントは，どのようなやり取りを経て解決法を提案できたかにある。本単元で求めるやり取りの具体的内容は，生徒が使用する振り返りシートの各項目に示されている（資料4，p142）。ペアで提案する解決法に正解はなく，提案された解決法そのものを評価することはない。困っているALTのことを思いながら現実的で実現可能な解決法を提案するに至るまでの，生徒のやり取りが評価対象である。やり取りの「思考・判断・表現」は，やり取りを通しての意見交換（意味交渉，合意形成も含む）から評価する。なお，意味交渉は「話すこと［やり取り］」におけるストラテジーである。パフォーマンスとして意味交渉ができているか「思考・判断・表現」と一体的に評価する。

主体的に学習に取り組む態度 （総括に用いる評価）

▼ 評価内容

観点	達成項目／採点基準	評価材料
① やり取り（コミュニケーション）への粘り強さ	□ 相手の発言内容がわからないときや自分の発話が理解されているか確信がないときなど，やり取りが止まりそうなときに意味交渉を行い，対話の立て直し・継続をしようとしている。 □ やり取りのストラテジーを用いて対話の内容を掘り下げていこうとしている。 □ 合意形成の際に，よりよい解決法に向けて粘り強く話し合おうとしている。	やり取り ・書き起こし ・録画された映像 ・授業中 いずれの方法でもよい
② やり取り（コミュニケーション）における自己調整	□ 録画したやり取りを見ながら行う振り返りの時間に，振り返りシートの項目に照らし合わせながら自分の発言やペアとのやり取りの内容をメタ認知し，次に生かそうとしている。 □ 発話交代を意識したり，相手の意見と関連付けて自分の考えをまとめたりしようとしている。	振り返りシート（p142） やり取り

▼ カッティングポイント

B評価 やり取りのなかで，①の観点の達成項目を一つ以上達成できている。②に関しては，やり取りと振り返りシートの記述をあわせ見て，達成項目を一つ以上達成できている。

A評価 やり取りのなかで，①の観点の達成項目をすべて達成できている。②に関しては，やり取りと振り返りシートの記述をあわせ見て，達成項目をすべて達成できている。

留意点

● 「主体的に学習に取り組む態度」の評価に関しては，「コミュニケーションへの粘り強さ」と「コミュニケーションにおける自己調整」の二つの側面から捉えたい。「コミュニケーションへの粘り強さ」に関しては，やり取りが破綻しそうなときに使う技能を用いてやり取りを継続しようとする態度や，やり取りのストラテジーを用いて対話の内容を掘り下げていこうとする態度，よりよい解決法に向けて話し合う態度などを対象とする。

● 「コミュニケーションにおける自己調整」に関しては，自分の発言やペアとのやり取り内容を振り返りを通してメタ認知しようとする態度を捉える。また，自己調整に関しては，やり取り中の発話交代への意識や相手の意見と関連付けて自分の考えをまとめていこうとする過程も評価の対象としたい。

● 「主体的に学習に取り組む態度」の評価に振り返りシート（p142）を使用する際には，あくまで評価の参考資料としての扱いにとどめる。振り返りシートに記入された生徒の記述のみで判断するのではなく振り返りの内容がその後のやり取りにどう生かされているのか，生かそうとしているのかを，長期的に捉えて判断することが大切である。

ヤマ場の課題の実施例

例 1 やり取りの書き起こし

[トピック：日本のお土産（ALTから故郷の家族や友人にあげる日本のお土産は何がいいかという相談を受けて）のやり取りの書き起こし一部抜粋（生徒の発言のまま）]（トピックの詳細はp141の資料1参照）

※下線部はやり取りに便利な定型表現の使用箇所，網掛けはやり取りのストラテジー使用箇所で評価のポイント

生徒B：What's kind of goods or what's kind of goods or souvenir should I get for my family and my friends?

生徒A：I See. Japanese sweets is better, is better. Because it is delicious, we can buy only it in Japan. And it is looks beautiful so: we can enjoy (eating) delicious.

B：Oh, Oh: That's a good idea. But I think Japanese sweets is. No, Japanese sweets can't eat, can't eat, hm? Can't keep long time, えーっと, I think, え, Japanese sweets can't bring abroad. Oh, So I think my, my (Favorite), 違う, I think Japanese (…)scissors best. Japanese (sword) is the umm hm? Japanese (…) scissors oh, it can't buy it (.) it can't, 違う, we can't buy it in other countries. Oh, So, I think it is better and Japanese sword is Japanese culture. So, we can feel in Japanese if we are in abroad.

A：I think foreign, ah foreign people? Likes Japanese culture. For example, Bushi and Ninjya. So, it is very good idea, And it is rare.

B：Umm.

A：We can buy it only in Japan. It is good way we decided this.

B：We decide…?

A：We decided to buy it.

B：Yes!

思考・判断・表現	B評価（生徒A，B共に）

・観点①について，やり取りの内容の各項目について2名ともトピックを理解し，自分の意見を理由と共に言うことができている。相手の意見に関連付けて自分の意見を述べることに関して，生徒Aは生徒Bの意見に同意する際に実行できている。いっぽう生徒Bは相手の意見を否定する発言はあるが，その直後から自分の意見を話し続け，生徒Aの意見がやり取りから消えてしまった。発話交代が適切に行われておらず，生徒Bの発言のあいまいな部分を確認する過程もない。
・観点②「意味交渉」に関して，生徒Bの発言に1箇所は見られるが，生徒Bの発話中の理解できない部分に関して生徒Aはあいまいな理解で終わっている。
・観点③「合意形成」について，生徒Aが生徒Bの意見に理由を付けて同意し，合意に至った。
・上記のやり取りにおいて文法等に不正確な部分が見られるが「思考・判断・表現」の評価のため，ここでは文法などの正確さは評価の対象としない。

[例1と同じトピック (日本のお土産) でのやり取りの書き起こし (生徒の発言のまま)]

※下線部はやり取りに便利な定型表現の使用箇所, 網掛けはやり取りのストラテジー使用箇所で評価のポイント

生徒A: What souvenir are good for Monika?

生徒B: Oh, I will…I will recommend *Momiji-Manju* for her. It is very delicious.

A: Where…Where can we buy it?

B: Ah…*Momiji-Manju* can buy in Hiroshima prefecture.

A: Ah.

B: *Momiji-Manju* looks like *Momiji*, *Momiji's* shape.

A: Oh, that's very cute, But I think foreign people may- foreign people may, but, be able to eat Japanese food because Japanese…taste of Japanese food is very unique. So, I recommend *Matcha*-sweets. For example, *Matcha*-Cookie, *Matcha*-Chocolate. Cookie=

B: =Oh.

A: Cookie and chocolate is eaten in foreign country, so they can ah… they, so it is easy to eat for them, they.

B: Oh, your idea is so good. Ah…but, my *Momiji-Manju* is also good because *Momiji-Manju* has many kinds of tastes. For example, custard, *Azuki*, *Matcha*, and so on, so my idea is also good.

A: I see. *Momiji-Manju* is a good food –is *Momiji-Manju* are?

B: It is not happy?

A: Ah, I see?

B: Delicious healthy food.

A: Uh, healthy.

B: *Matcha*-cookie is delicious.

A: I think…I think *Matcha*-Cookie and *Matcha*-Chocolate is we can buy them in foreign country. Maybe. so, *Momiji-Manju* is good.

B: Let's together our idea.

A: So, our idea is recommend *Momiji-Manju*.

B: I think my idea and your idea…mix. Let's mix our idea.

A: Oh, two of them give family or friend?

B: So, I will recommend *Matcha* taste *Momiji-Manju*.

A: Ha-Ha. It is good.

B: So, Let's recommend for her.

A: Yes.

思考・判断・表現	A評価 (生徒A, B共に)

- 観点①について, ペア双方がトピックを理解し, 自分の意見を理由と共に言えている。また相手の意見に関連付けて自分の意見を述べることに関しては, 相手の意見の長所を認めつつ自分の意見を展開していく流れとなっている。発話交代も頻繁に行われ, 相手の意見を確認したり, 相手の発言を促したりしながら自然な流れで対話が行われている。
- 観点②「意味交渉」に関しては, 発話交代が頻繁に行われたこともあり, 意思疎通が困難な場面がない。よって意味交渉の必要がなかった。
- 観点③「合意形成」に関して, やり取りのなかでお互いの意見のよさを確認し合いながら進めてきたため, 双方を意見のよい部分を合わせて合意形成に至った。
- 上記のやり取りにおいて文法等に不正確な部分が見られるが「思考・判断・表現」の評価のため, ここでは文法等の正確さは評価の対象としない。

例3 やり取りの書き起こし
[トピック：夜中の騒音（隣人が夜中に掃除機をかけていて眠れない。なんとかしたいが人間関係は壊したくない。どうしたらよいか？）のやり取りの書き起こし（生徒の発言のまま）]（トピックの詳細はp141の資料1参照）

※下線部はやり取りに便利な定型表現の使用箇所，網掛けはやり取りのストラテジー使用箇所で評価のポイント

> 生徒A: What she said?
> 生徒B: I can hear she said her neighbor is so busy. So, they came home late from th-eir company every day. So, and their neighbor's vacuum cleaner midnight. So - she wake me… she wake up at midnight. So, she can't sleep well. How about you?
> A: (mm)
> B: Yes.
> A: She want to good relationship.
> B: Ah… Yes.
> A: I… she understand …she understand …
> B: Understand? I don't hear that sentence.
> A: (mmm)
> B: But I hear she want to… she want to let know… let known them. She want to – tell that problem to them.
> A: Yes.
> B: But she's – afraid of… what… if…
> A: Yes.
> B: I don't know.

[生徒Aの振り返りシート（p142）項目1，項目5の記述]

> ・モニカ先生の言っていることがよくわからなかった。Bさんはわかっていたのだと思う。（項目1）
> ・Bさんが説明してくれようとしたけど，Bさんが何を言っているのかわからなかった。Bさんが言ってくれていることに，もっと反応をして説明をしてもらえるようにすればよかった。（項目5）

主体的に学習に取り組む態度　**B評価**（生徒A）

・観点①「粘り強さ」に関して生徒Aはやり取りのトピックがよく理解できなかったために，生徒Bに確認しようとする場面が見られる。生徒Bは生徒Aよりもトピックを理解しているが，生徒Aが自分の発言も理解してくれないもどかしさからやり取りを中断してしまった。生徒Aの意味交渉は成功はしなかったが，粘り強くやり取りを継続しようとしている態度が見て取れる。
・観点②「自己調整」に関して，生徒Aは振り返りの際，トピックが理解できなかったためにペアに説明してもらおうとしたがペアの説明も理解できなかったことにふれ，このときにどうすべきだったかに言及している。この気付きが次のやり取りに向けての自己調整となる。※この気付きがこのあとのやり取りにどう生かされているかを考慮すること。

例4 やり取りの書き起こし

[例3と同じトピック（夜中の騒音）でのやり取りの書き起こし（生徒の発言のまま）]

※下線部はやり取りに便利な定型表現の使用箇所，網掛けはやり取りのストラテジー使用箇所で評価のポイント

生徒C：What do you think of this topic?
生徒D：I think she use, she use (.)
C：Uses?
D：Ear, (gesture) ear.
C：Ear? Ear… Plu (.) Plug?
D：eh, ear…
C：Please one more time the beginning.
D：She, she use, uses ear, ear.
C：Cleaning machine?
D：(nodding slightly)Yes.
C：Uh.(nodding)
D：She, she can't hear with, she can't, can't hear with…
C：Who is she?
D：Eh?
C：He. Who is she? Ms. Monika or her neighbor?
D：Ms. Monika use ear.
C：I think neigh(.) Her neighbor use(.) use cleaning machine.
D：(nodding slightly)
C：So she can't sleep at night.
D：(nodding)
C：You see?
D：(nodding)Yes.
C：Oh. Do you have any solutions?
D：…
C：In my opinion, she(.) Ms. Monika shou-ld. tell her neighbor directly.
D：(nodding)
C：I know that neighbor have (.) not have don't have enough time to clean, but using cleaning machine at night is not good.
D：Yes.
C：What about you?
D：Your idea is good so, she, Ms. Monika told her neighbor if Ms. Monika told her neighbor, she (.) her neighbor stop, her neighbor stop cleaning.
C：Yes.

[生徒Cの振り返りシート（p142）項目2，項目5の記述]

・自分の意見は言えたと思うけど，Dさんはわからない。（項目2）
・Dさんに質問をたくさんしたけど，結局よくわからなかった。こういうときどうしたらいいのかわからない。最終的に自分の意見が通ったから，もっと早く自分が意見を言えばよかったのかもしれない。（項目5）

主体的に学習に取り組む態度　　A評価（生徒C）

・観点①「粘り強さ」に関して，このやり取りでは生徒Cが終始対話をリードしようとしている。やり取りの途中まで生徒Cは生徒Dの意見を理解しようと何度も意味交渉を試みている。あまりにも生徒Cが一方的に問い続けるのでCの意図とは逆に生徒Dは自信をなくし発言に消極的になってしまった。やり取りの内容としては多くの課題が見られるが，粘り強さは評価できる。
・観点②「自己調整」に関して，生徒Cはやり取り全体を振り返り，Dの意見を理解できなかったことに課題を感じている。意味交渉を試みたがうまく働かなかったことから別の方法を模索している。やり取り中はやり取りに没頭することから気付くことができないが，振り返りによって課題に気付き，よりよい方法を模索している。
※この気付きがこの後のやり取りにどう生かされているかを考慮すること。

評価2 ▶ ミニテスト（第13時）	やる気スイッチ度　　　　★★ 評価の公平性・妥当性・信頼性　★★★

ミニテストの課題

> 【課題】　ALT が富山での生活で困っていることを話します。以前に生徒の皆さんに相談した困り事のその後の内容も含んでいます。困り事を聞いて，ペアで相談し，解決法を一つ提案しなさい。

[コミュニケーションの目的や場面，状況]
・ALT が富山での生活で困っていることを話します。困り事を聞いてペアで相談し解決法を一つ提案しましょう。これまでにもいくつか困り事への解決法をペアで相談してきましたが，今回は以前に皆さんに相談した困り事の一つ目（または二つ目）について，再度ペアで話し合ってください。再度ペアで話し合う前に，ALT から追加でお話がありますので，聞きましょう。解決法に正解があるわけではありませんが，現実的で実現可能な提案をしてあげることが大切です。また，ペアで一つの解決法を話し合うのは，個々の意見をペアでのやり取りを通して理解し合いながら，よりよい意見をつくっていくためです。

[条件]
・「ミニテスト」では，1ペアにつき4分が持ち時間となります。ペアは以前に同トピックで組んだ相手とします。
・ALT がペアでのやり取りの場に同席します。話し合いはペアで行いますが，もし ALT に確認したいことがあったら，その場で質問しても構いません。また提案された解決法に対して，ALT からコメントをもらいます。
・ペアでのやり取りは，自分たちで Chromebook を用いて録画します。録画はペアでの振り返りの際に使用しますが，Google Classroom にもアップロードして提出します。

指導と評価のポイント
① 「ヤマ場の課題」の文脈をテストに利用する。
・本単元で扱ってきた問題解決型トピックでのやり取りの到達度を見るために，本単元の初期段階（一つ目または二つ目）のトピックを再度与えてやり取りを行う。ただし，それらのトピックについては生徒らが解決法をすでに提示していることから，そのまま提示するのではなく，ALT からの追加の情報として「生徒からもらった解決法を生かしてこういう行動を取ってみた。その後また，こういうことについてちょっと悩んでいる」という内容を与えることとする。これによって，生徒は以前に話し合ったトピックと極めて類似性の高いトピックで話し合うことになる。また，以前と同じペアでやり取りを行うことにより，やり取りの際にかかる負荷は低減する。生徒は一度やりとりしたことがある類似トピックで話し合うが，書き言葉として残したものがないため，ほとんどの場合は以前のやりとりの内容の記憶は薄れている。「ミニテスト」でのALT の同席のねらいは評価のためというより，生徒のやり取りの場をよりオーセンティックに

して生徒の思考・判断を促し，やり取りの内容・提案された解決法についてのコメントを生徒に
その場で与えることである。

② 評価の観点をなるべく絞り込む（現実的な評価のために）。

・本「ミニテスト」においても，提案された解決法のよしあしを評価するのではなく，やり取りそ
のものを評価する。「知識・技能」に関して，やり取りは即興性が高い言語活動であることから，
言語材料の活用の正確さについてはコミュニケーションに支障なく使用されているかを評価の対
象としたい。またターゲットとなる言語材料を使用する場面が「ミニテスト」の際になかったと
しても減点とはしない。「思考・判断・表現」についてはヤマ場の課題と同様の評価方法と評価
基準であるが，評価者の負担を考慮し，観点を一つ程度に絞ることとする。本単元では，「やり
取りの流れのなかで，相手の意見と関連付けながら自分の考えを述べていくことができる」とい
う観点を重視し，「ミニテスト」でも「思考・判断・表現」における評価の観点とした。

③ やり取りの「目的・場面・状況」を考慮した類似課題（トピック）をつくる。

・類似課題（トピック）でやり取りを行うことは，生徒の負荷を下げ，生徒の意識をやり取りの流
れ（相手の意見と関連付けて自分の考えを述べる，など）や言語表現に向けることができると考
えられる。本単元では一つ目のトピックが，「故郷に持っていく日本のお土産は何がよいか」と
いう相談だったことから，今回の「ミニテスト」では「みなさんの提案を生かして，せんべいを
お土産として持って帰ったら，みんな喜んでくれた。いまは次の帰省のときは何を持っていこう
か悩んでいる。アドバイスが欲しい」という内容を類似トピックとする。

④ 制限時間内（４分間）に以前と同じペアでやり取りを行う設定とする。

・１回目（または２回目）の課題でやり取りを行ったペアで「ミニテスト」を行うことは，生徒の
負荷を低減することはもちろん，録画したやり取り映像を以前に録画したやり取りと比較するこ
とで生徒自身がやり取りの力の向上を自覚できる機会となる。「ミニテスト」として制限時間を
設けることとするが，時間いっぱいやり取りをしなければならないというわけではなく目安時間
として捉え，この時間内に解決法の提案までできるようにする。

⑤ 「ミニテスト」後の振り返りを大切にし，次のやり取りの活動に生かす。

・「ミニテスト」は評価の機会ではあるが，新たな学びの機会でもある。「ミニテスト」をしてやら
せっぱなしにするのではなく，自分たちのパフォーマンスを振り返る時間を大切にしたい。ルー
ブリックに沿ってペアで自己評価を行い，教師からの評価と比較する。これによって，やり取り
のどの部分の力が足りないのか，または十分到達できているのかを自覚できる。また，教師の指
導のねらいを生徒がきちんと理解しているかを確認する場面にもなる。

ミニテストの評価基準

知識・技能 （総括に用いる評価）

▼ 評価内容

観点	達成項目／採点基準	評価材料
①　正確さ	☐　やり取りに便利な定型表現を正しく使用できている。 ☐　コミュニケーションに支障を生じない程度で正確に 　　SVO＋to不定詞，間接疑問文などの既習表現を用いて 　　やり取りができている。	やり取り

▼ カッティングポイント

B基準　やり取りのなかで，①の観点の達成項目のどちらか一方は達成できている。または，１，２回コミュ
　　　　ニケーションに支障が出てしまったが，①の二つの達成項目はほぼ満たしている。
A基準　やり取りのなかで，①の観点の二つの達成項目をすべて達成できている。

留意点

●評価する項目を絞るために「ヤマ場の課題」を踏まえて，「やり取りに便利な定型表現」を正しく使うことが
　できるかを中心に評価することも考えられる。

思考・判断・表現 （総括に用いる評価）

▼ 評価内容

観点	達成項目／採点基準	評価材料

※「ミニテスト」での「思考・判断・表現」の評価基準に関しては，上述の通り評価1「ヤマ場の課題」
の評価基準のなかから観点を一つ程度に絞ることとする。本単元では，「ヤマ場の課題」の観点
①「やり取りの流れのなかで，相手の意見と関連付けながら自分の考えを述べていくことがで
きている」（p131参照）を重視し，「ミニテスト」でも「思考・判断・表現」における評価の観点と
した。「評価の例」についても評価1「ヤマ場の課題」を参考にされたい。

▼ カ

B基
A基

留意点

●「思考・判断・表現」の評価内容等は評価1「ヤマ場の課題」と同様である。

例5 やり取りの書き起こし

[トピック：日本のお土産（ALTから故郷の家族や友人にあげる日本のお土産は何がいいかという相談を受けて）のやり取りの書き起こし一部抜粋（生徒の発言のまま）]

A: Can I go ahead?
B: Please.
A: Ah… I think she should buy Japanese stationery. Japanese stationery is headphone.
B: Uh.
A: It is user friendly and hand free. Therefore, I think she should buy Japanese stationery. How about you?
B: I think *Shiroebi Senbei* is good because it's light and delicious. You… you recommend...
A: Japanese stationery?
B: Yes. It is so… It can't eat it. Monica teacher say they want to… they want to eat Japanese food. What food is…What is your favorite Japanese food?
A: Ah•••*Shiroebi-Senbei*.
B: OK. OK, OK. *Shiroebi-Senbei* is good.

知識・技能　**B評価**（生徒A）

・やり取りの一部抜粋である。生徒Aの発話のなかには生徒Bに理解されていないと思われる部分がいくつか含まれている。また，生徒Bの "What is your favorite Japanese food?" という問いに対して生徒Aは "Shiroebi-Senbei." と答えているが，これは問いをよく理解できていないためだと考えられる。よって，B評価と判断する。

例6 やり取りの書き起こし

[例5と同じトピック（日本のお土産）でのやり取りの書き起こし一部抜粋（生徒の発言のまま）]

A: Ms. Monika said what's she should buy for souvenir, how do you think?
B: I think her should buy for her family buy Japanese sweets. I think Japanese… I think. they can feel Japanese all seasons and Japanese cultures.
A: Ya.
B: So, and Japanese sweets are light and small. So, she can… she can carry them easy.
A: Yes.
B: So, I think Japanese sweets is good.
A: I see.
B: How about you?

知識・技能　**A評価**（生徒B）

・やり取りの一部抜粋である。生徒Bの発話にはいくつかミスが見られるものの生徒Aは理解を示しながら聞いている。コミュニケーションに支障は生じていないのでA評価とする。

資料1 やり取りのトピック（例）

（日本のお土産）　Please tell me what kind of Japanese souvenir to get for my family and friends. They like eating and trying new tastes but almost all of them are overweight so I don't know if it should be sweets or stationery? It should be something small, light, not too expensive and connected to Japanese culture.

（夜中の騒音）　My neighbors are a busy working couple who come home late from work every day. They often use the vacuum cleaner around midnight waking me up. They probably have no idea that I hear that. I understand that they can't clean during the day but how can I let them know that I can't sleep well every night by that noise? I want to keep a good relationship with them.

資料2 モデル対話　（日本のお土産）

S1: I think Ms. Monika should get *matcha*-chocolate for her family and friends. It is delicious and *matcha* is healthy, too.
S2: That's a good idea, but maybe they don't like *matcha* first. And it has a lot of calorie because of the sugar. How about *osenbei*, rice crackers?
S1: Sounds good, but rice crackers easily break into small pieces. She can't put it in her suitcase. She has to carry it in her bag with her on the plane.
S2: That may be true. Sweets might also melt if it is hot in the summer. Maybe stationery is a better idea. What do you think?
S1: Stationery? Stationery… How about eraser?
S2: Eraser will be good!
S1: I think they would like Mt Fuji eraser, it's beautiful, light and useful.
S2: That's a good idea, let's tell her that.

資料3 やり取りで用いられるストラテジー

（1）対話が破綻しそうなときに用いるストラテジー	
理解チェック	"Do you see what I mean?" など相手の理解を確認すること
確認チェック	"Did you say that…?" など自分の理解が正しいか相手に確認すること
明確化要求	"Could you say that again?" など，相手の発話が不明確だったり，聞こえなかったりしたときに相手の発言の明確化を要求すること
援助要求	"How do you say…?" など，困っている際に相手に援助を求めること
援助提供	相手が発話に詰まっているときに，相手の意を汲んで援助のための発話を行うこと
（2）一貫性とまとまりのあるやり取りを維持するためのストラテジー	
やり取りの促進	"You really think so?", "Why do you say that?" など，話し手が会話を続けられるように聞き手が促すこと
応答	相手の発言に対し，賛成や反対の意も含む応答をすること
詳細化	相手の発言を受けて，聞き手が例を出したり，対話を拡大するために文を付け足したりすること
情報の追加要求	話し手の発言に対し，聞き手がそれについてさらに情報や意見を求めること
言いかえ	相手が言ったことについて確認するために言いかえる（パラフレーズする）こと

話すこと［やり取り］ 振り返りシート

各項目の達成度を確認しましょう。◎，○，△をチェック欄に記入し，○と△の場合，理由も書きましょう。

Class （　　） No （　　） Your name and your partner's （　　　　　／　　　　　）

項目	チェック欄	内　容
1		与えられたリスニングタスクの意味をペアの双方が理解している。 (理由:　　　　　　　　　　　　　　　　　　　　　　　　　　　　　)
2		ペアの双方が自分の意見や考えを理由と共に述べている。 (理由:　　　　　　　　　　　　　　　　　　　　　　　　　　　　　)
3		相手の言っていることを，お互いに理解している。 (理由:　　　　　　　　　　　　　　　　　　　　　　　　　　　　　)
4		相手の意見を踏まえて，それに対する自分の考えや感想（賛成，反対）を述べ合うことができている。 (理由:　　　　　　　　　　　　　　　　　　　　　　　　　　　　　)
5		もし意思疎通ができていない場合，相手の言っていることを理解しようと手立てを取っている。どんな手立てを取っていたか，またはどんな手立てを取るべきだったか。 (理由:　　　　　　　　　　　　　　　　　　　　　　　　　　　　　)
6		問われたことについて，やり取りを通して得た考えを，ペアの二人ともが答えることができる（単に自分の意見を言うだけではない）。 (理由:　　　　　　　　　　　　　　　　　　　　　　　　　　　　　)
7		自分が使用した便利表現を記入しよう。

こう言いたかったけど，言えなかった表現は？

資料5 意見交換に便利な定型表現集

（自分がやり取りの最初を始めるとき）	
Can I go ahead?	先に話していいですか。
May I?	いいですか？
（相手の話がよくわからなかったとき）	
Pardon? / Can you say that again?	もう一度言ってください。
What's ○○ in Japanese?	○○は日本語で何と言うのですか？
Can you say the last sentence/ the first part of your opinion again?	最後の文／始めの部分をもう一度言ってくれませんか？
（相手の話をもっと聞きたいとき）	
Why do you think so?	なぜそう考えるのですか？
I have a question about ….	……について質問があります。
I'd like to ask you about ….	……についてお聞きしたいのですが。
Do you think that…?	あなたは……と思っているのですか？
（発話権を得たいとき）	
Can I (just) say something?	ちょっといいですか？
Me too! In fact, ….	僕もそう。実はね……。
That reminds me of ….	それで思い出したんだけど……。
The same thing happened to me the other day.	この間，同じことが自分にも起きたんだよ。
What I wanted to say was ….	何が言いたかったかというとね……。
Let's go back to my opinion.	（話題がそれていったときに）私の話に戻りましょう。
From my point of view, ….	私の視点からは，……。
We don't know whether A or B.	（相手の主張を聞いて）AかBかは不明です。
It's true that 〜 , but….	たしかに〜ですが，……です。
A: Spring is the best season, I think. 　Many flowers bloom in spring and we can enjoy sightseeing. （春をおすすめする意見） B: That's why winter is better because there are not so many visitors in winter, and they can enjoy beautiful snow view in Japan. （冬をおすすめする意見）	A: 春が一番いいと思うよ。たくさんの花が咲いてるし，観光を楽しめるよ。 B: だからこそ冬がいいんだよ。冬は観光客が多くないし，日本の雪景色を楽しめるよ。
That's also true for A.	それはAにも当てはまるよ。
There is not much difference (between A and B) .	（AとBに）そんなに違いはないよ。
I'm not sure about it.	それについては確信がありません。 （ちょっとどうかなと思います）。

○○○, right?	○○○だよね？（相手の言ったことを繰り返して，確認をする。）
Even so,	たとえそうでも，
That's a good idea, but ….	それはいい考えですね。でも……。
I want to say that ….	私は……だと言いたい。
In my opinion, ….	私の意見では，……。
I also think ….	私も……だと思います。
I see your point, but ….	おっしゃることはわかります。が，……。
I think you're wrong, because ….	あなたは間違えているよ。だって，……。
I agree with you in that point.	その点では，同意します。
You said that….	あなたは……と言いましたね。
I agree to some extent.	ある程度まで賛成です。
I only partly agree with you.	部分的にあなたに賛成です。
（発話権をゆずるとき）	
Please go ahead.	お先にどうぞ。
After you.	あなたのあとで。
Give me an example.	例を提示してください。
（相手が割って入ろうとするとき）	
I won't take long.	もう少しで終わるから。
(Just) one more thing.	もう一つだけ（しゃべらせて）。
And,…/But …	それでね，
Furthermore, …/ Moreover, …/ Besides, …	もっと言うと，
In addition, …	さらに言うとね，
Not only that, but…	それだけじゃないんだよ，
Anyway,	まあとにかく，
As I was saying,	さっきから言っているけど，
Perhaps we can talk about that later.	それ，あとにしない？
（自分が話した後，相手に話してもらうとき）	
Do you agree?	賛成ですか？
Do you have any opinions on/about …?	……について何か意見はありますか？
Don't you think so?	そう思わない？
How do you feel about …?	……についてどう思いますか？

What do you think?	あなたはどう思う？
What's your experience (of this)?	（このことについて）あなたの経験は？
You haven't said anything yet.	まだ何も言ってないよね。
（相手が話し続けるのを促したいとき）	
And then?	それから？
So?	それで？
Sorry to hear that.	（それを聞いて）残念です。
Amazing!	素晴らしい！
Well done!	いいね！
How wonderful/exciting/depressing!	素晴らしい／ワクワクするね／がっかりだね。
I don't believe it!	信じられない！
I know. /I know what you mean.	わかるよ。
Nice!	いいね。
That's right.	その通り。
Exactly.	まったくその通り。
That may be true.	それはそうかもね。
（自分の話が終わることを示すとき）	
And so on.	……などなど。
That's all I wanted to say.	自分が言いたいのはこれだけだよ。
（発話を断るとき）	
I think you've covered everything.	あなたが全部言ったよ。
（話に割って入ろうとしたけどやめるとき）	
No, no, go on.	いや，どうぞ続けて。
（話に割って入っていたが，相手に話を戻したいとき）	
Sorry. What were you saying?	ごめん，何て言ってたっけ？

第**6**章

話すこと［発表］の
評価プラン

自社の最新型ロボットについて魅力をプレゼンし，社内コンテストで優勝しよう

単元の学習課題 ロボットを作る会社の開発担当者として，自社の既存のロボットを改良して生まれた最新型ロボットを社内コンテストで発表し，優勝するために，どのように効果的にプレゼンテーションをするか。

単元の特徴と育てたい力

　この単元では，生徒は，ロボットを製作する会社の開発担当者として，自社の既存のロボットを改良し，新規ロボットの開発を目的とした社内コンテストで優勝するためのプレゼンテーションをする。使用する教材のなかでは，人間の生活のなかで大切な仕事をこなしている数々の実在するロボットが紹介される。生徒は，まずこれらのロボットを「既存ロボット」としてその特徴を「リサーチ」する。リサーチの結果，それらのロボットの機能や価格などについての改善したいポイントを発見し，自分のアイデアで「改良ロボット」を作り出していく。その後，その改良版を社内コンテストで発表し，優勝をめざしてプレゼンテーションをする。

　プレゼンテーションのなかでは，さまざまな言語材料を使用することができる。例えば，それぞれ既存と最新のロボットの特徴を述べるために，能力を表す助動詞can/can'tを使用する場面は自然と登場する。また，多くの情報を順序立てて整理しながら伝えるために，first, second, lastなどの序数詞を使用することも自然である。そのほかにも，ロボットの性能を表すデータを数値で紹介することや，助言を表す助動詞should/shouldn'tを使用することも考えられる。すべての言語材料を，プレゼンテーションに生かせるものになるように練習していく。さらに，内容的なことだけでなく，これを表現する方法として，どうすれば「効果的なプレゼンテーション」になるのかを考えさせることで，思考力・判断力・表現力を高めることにもつながるだろう。

単元の評価規準

知識・技能	思考・判断・表現	主体的に学習に取り組む態度
○ （知識）助動詞canや外見を描写する表現，情報を整理する表現の特徴やきまりを理解している。 ○ （技能）ロボットについて，助動詞canなどの簡単な語句や短い文を用いて発表する技能を身に付けている。	○ 自社の既存のロボットを改良した新しいロボットの魅力を伝えるために，ロボットの新しい機能，外見，価格について，聞き手をひき付け，まとまりのあるプレゼンテーションで発表している。	○ 自社の既存のロボットを改良した新しいロボットの魅力を伝えるために，ロボットの新しい機能，外見，価格について，聞き手を意識して，より効果的に伝える工夫をしようとしている。

教材：「Robots and Us」『Impact Foundation』National Geographic Learning（中学1年生）
内容のまとまり（学習指導要領）：話すこと［発表］ イ，ウ

指導と評価の計画（9時間）　観点の黒丸は総括に用いる評価（記録に残す評価）

次	学習過程	
1 (1)	○ 見本（教師のモデルなど）を参考に既存のロボット①と，それをもとに改良された最新のロボット①についてのプレゼンテーションをする。	
2 (1)	○ 助動詞canを用いて，既存のロボット②ができることとできないことを説明する練習をする。	
3 (1)	○ 既存のロボット②をもとに，改良された最新のロボット②についてプレゼンテーションをする。	
4 (1)	○ サイズや形を描写する形容詞を多く用いて，既存のロボット③の外見について説明する練習をする。 ○ 序数詞や接続詞の働きと，その効果的な使い方について理解する。	
5 (1)	○ 既存のロボット③をもとに，改良された最新のロボット③についてプレゼンテーションをする。	
6 (1)	○ 既存と最新①～③のロボットのうち，自分がプレゼンテーションを行うロボットを一つ選び，簡単な原稿を準備し，練習する。	
7 (1)	○ 個人練習の後，少人数グループでプレゼンテーションの発表練習をする。時間があれば2，3回グループをかえて練習する。（リハーサル）	
8 (1)	○ 6で自分が選んだ既存ロボットとその改良版の最新ロボットのプレゼンテーションをする。 ※9で行うパフォーマンステスト用の初見のロボットの題材を受け取る。	思 主 ▷p152
9 (1)	○ 8で受け取ったロボット（既存のもの）について，プレゼンテーションをする。	思 ▷p158

留意点

● 既存のロボット①～③については，読む活動にするか，イラストやチャートなどを用いる。改良版は，生徒に考えさせたいが，時間をかけすぎないよう教師がサンプルを用意してもよい。
● すべてのプレゼンテーション練習で，「思考・判断・表現」の評価につながる3要素を繰り返し意識させ，練習させる。
● 言語材料を導入する際には，プレゼンテーションのなかでどのように使用するかを理解させる。導入後はすべてのプレゼンテーションで使用していくよう促す。
● 単元全体を通じて，数多くの練習場面を設定し，生徒のパフォーマンスに対する慣れや自信を付けていく。また，教師や生徒同士によるフィードバックを効果的に行い，生徒がより主体的にパフォーマンスの向上に向けて取り組む姿へと導くようにする。

単元のおもな評価場面

【見取り・励まし】

[目標設定]
・生徒のそれぞれの実態に応じて，どのように単元の目標達成に向けて学習に取り組めば いいか，目標設定のサポートをする。

[単元の授業]
・単元の学習課題をもとに，日常的な話題について，コミュニケーションの「目的や場面， 状況」を意識しながらまとまりのある内容を話す（プレゼンテーションする）ための練 習に取り組む（第1〜7時）。

【単元の学習課題】
ロボットを作る会社の開発担当者として，自社の既存のロボットを改良して生まれた 最新型ロボットを社内コンテストで発表し，優勝するために，どのように効果的にプ レゼンテーションをするか。

生徒のやる気ステップ

英語でプレゼンテー ションなんてむずか しそうだけど，提案 したいアイデアが見 つかったし，挑戦し てみようかな。

練習を繰り返すうち に英語でプレゼン テーションすること に慣れてきた。今度 はもっと上のレベル をめざして，聞き手 をひき付ける工夫を 取り入れてみよう。

【見取り・励まし】【評価】

[評価1：ヤマ場の課題]

・単元の学習を総括する活動を組み，おもに「思考・判断・表現」を形成的評価，「主体的に学習に取り組む態度」をミニ総括的評価として評価する（第8時）。

【課題】
自社の最新型ロボットについて社内コンテストで優勝するためにプレゼンテーションをしよう。

・やる気スイッチ度　　★★★
・評価の公平性・妥当性・信頼性　★

▷ pp152-157

【評価】

[評価2：ミニテスト]

・授業内ミニテストとして単元の学習課題とパラレルなパフォーマンスを伴う課題を提示し，おもに「思考・判断・表現」をミニ総括的評価として評価する（第9時）。

・やる気スイッチ度　　★★
・評価の公平性・妥当性・信頼性　★★★

▷ pp158-161

テストはうまくできそうだし，聞き手を動かすプレゼンテーションのポイントがわかったよ。英語以外の教科や将来にも応用できそうなプレゼンテーションのスキルが身に付いたぞ！

ヤマ場の課題（1時間の学習活動）

【課題】 ロボットを作る会社の開発担当者として，自社の既存のロボット
を改良して生まれた最新型ロボットを社内コンテストで発表し，優勝する
ために，プレゼンテーションをしなさい。

[コミュニケーションの目的や場面，状況]
・あなたは ABC Robotics の開発担当者です。ABC Robotics は大きい会社で，多くの最新ロ
　ボットを作っています。あなたは，自社の最新ロボットについての説明を，社内コンテスト
　で発表し，優勝することをめざしています。はじめに，自社の既存のロボットについてリ
　サーチします。次に，自分のアイデアで自社の既存のロボットを改良して，最新のロボッ
　トを開発します。最後に，その最新ロボットについて，説得力のある話し方，聞き手との
　関わり合い，そして整理された情報を使って，社内コンテストでのプレゼンテーションを
　しましょう。

[条件]
・既存のロボットは副教材に載っているロボット①～③の中から一つ選びます。
・既存のロボットの問題点を改良して，最新のロボットを作ります。
・プレゼンテーションでは，既存ロボット，最新ロボット，販売情報の三つの情報について，
　それぞれ1ページずつの視覚資料を用意します。パワーポイントのスライドでも紙に手描
　きでも構いませんが，いずれの場合も視覚資料は最大3ページまでとします。
・プレゼンテーションは一人3分以内で行います。

指導と評価のポイント
① **ワクワクするような学習課題をGRASPSを明示しながら設定する。**
・本単元では，生徒一人一人が「ロボット会社」に勤める「開発担当者」となり，「既存のロボット」
　を改良して作った「最新のロボット」を社内コンテストでプレゼンテーションするという，ワク
　ワクするような場面設定がポイントとなる。このGRASPSを単元最初に明示することにより，生
　徒が課題意識をもって毎授業の活動に取り組むようになる（GRASPS：Goal, Role, Audience,
　Situation, Performance, Standard の略）。
② **プレゼンテーションは何度も練習する。**
・英語でプレゼンテーションを行うことに対しては，英語そのものに対する不安のほかにも，人前
　で話す緊張や自信不足など，生徒にとってはいくつものハードルがあるだろう。そこで，使用で
　きる言語材料を具体的に導入・練習したうえで，プレゼンテーション自体の練習を何度もするこ
　とで，少しずつ一つ一つのハードルを越えていけるよう，教師がサポートしていく必要がある。

③　各活動段階のポイントを押さえながら，実際の指導を行う。

・［まずは「やってみる」活動（第1時）］

　　プレゼンテーションの見本（事前に作成したビデオや，教師がその場でして見せるなどが考えられる）を生徒に見せ，それを真似てまずは「やってみる」ことで，本単元で扱う課題が何かを把握させる。全体の構成と流れだけを説明し，時間を測ってペアで行う。（例　前半は既存のロボット，後半は最新ロボット，最後にアピールトークで計2分）。ここでは細かいことは指示せず，単元末に「ロボット会社の開発担当である自分が最新ロボットのプレゼンテーションをすること」を目的とすることを理解させる。

・［既存のロボットの「問題点」は何か，それをどのように改良すればよいか，を考えさせる活動］

　　教材に登場する既存ロボット①〜③について，改良すべき問題点は何かを考えさせながら読む活動を行うことで，読む活動にも目的ができる。サイズ，バッテリー，重さ，値段，あったらよい機能など，改良版を作るヒントとなるエレメントを示すと，生徒が「改良版」を考えやすくなる。それでも「最新ロボット」の発想が思い浮かばない生徒のために，教師があらかじめ例を用意し，生徒の「制作活動」中に前のボードに示すとよい（あくまでその後のプレゼンテーションの練習をするため）。右表のように，社内コンテストのプレゼンテーションで何について発表すればよいかを「構成」「内容」「言語」でまとめる。

表　プレゼンテーション準備資料の例

構成	内容	言語
①既存ロボットの問題点	機能，サイズ，バッテリー，重さなどの問題点について	助動詞can, 外見を表す表現など
②最新ロボットの改良点	機能，サイズ，バッテリー，重さなどの改良点について	
③最新ロボットのアピール	値段やお得な情報などについて	値段や数字を表す表現など

・［ペアでのプレゼンテーションを何度も繰り返す活動（第1, 3, 5, 6時）］

　　単元を通して，次の（1）〜（4）流れを何度も練習する。

---

(1)　既存ロボットのリサーチ（読む活動）
(2)　改良版最新ロボットの制作（紙を縦半分に割り，左に既存版，右に最新版の視覚資料を用意させる）
(3)　視覚資料を見せながらペアでプレゼンテーション
(4)　教師及び生徒同士によるフィードバック

　　言語材料を導入する際はプレゼンテーションのなかでそれをどう使うかを示す。聞き手とのやり取り，新旧の対比を使った最新ロボットの魅力アピール，割引などの販売情報について，プレゼンテーションに取り入れながら練習させる。生徒の実態に応じて，プレゼンテーション用テンプレートのようなものを用意してもよい。

・［本番のプレゼンテーションに向けて，大きいオーディエンスの前で話す練習をする活動（プレゼンテーション・リハーサル）（第7時）］

　　本番のプレゼンテーションの直前の授業で，これまでに準備してきたプレゼンテーションを，実際に大きいオーディエンスの前で発表させる。未完成でも，その時点のもので発表させる。これまでと同様，聞き手とのやり取り，新旧の対比を使った最新ロボットの魅力アピール，割り引きなどの販売情報について，オーディエンスからフィードバックをもらいながら練習させる。本番と同条件かそれに近い条件で練習させる（リハーサル）。できればグループや相手をかえながら，1時間のなかで2回以上は練習できるようにする。

ヤマ場の課題の評価基準

思考・判断・表現 （指導に生かす評価：「ミニテスト」に向けた生徒の力試しとして実施する）

▼ 評価内容

観点	達成項目／採点基準	評価材料
① 既存ロボットの問題点	□ 既存のロボットの問題点について指摘できている。	プレゼンテーション
② 最新ロボットの改良点	□ 最新のロボットの改良点について述べることができている。 □ 具体的な数値（サイズ，重さ，バッテリー継続時間など）を用いて説得力のある説明ができている。	
③ 最新ロボットのアピール	□ 値段やお得な情報を伝えることができている。 □ 最新ロボットの特徴を言葉や情報で強調することができている。	

▼ カッティングポイント

B評価 ①〜③の観点の達成項目を三つ達成できている。
A評価 ①〜③の観点の達成項目を四つ以上達成できている。

留意点

● 評価のポイントは，「自社の既存ロボットの問題点を指摘し，説得力のある説明で，改良点をプレゼンテーションできているかどうか」である。そのために，製品であるロボット自体の情報が充実していることだけでなく，社内コンテストの審査員をひき付けるようなやり取りをしたり，そのロボットの魅力をアピールしたりするなど，社内コンテストのプレゼンテーションとしての要素を含んでいなければならない。原稿を暗記すべきかどうかは，生徒の実態に合わせて調整すべきだが，いずれにしても上述のポイントを踏まえて複数回の練習を繰り返せば，生徒は自主的に原稿から目を離す必要があることを理解していくと期待される。
● 評価するうえでは，一定の単語やフレーズを生徒が「言ったか言わなかったか」をチェックするというよりは，学級の仲間と共に，一人の「聞き手」になって，魅力的なプレゼンテーションとして成立しているか，という観点で自己評価，相互評価を取り入れる。
● 発表については，生徒の負担を軽減するために，5名前後でのグループ発表（社内コンテスト）を行う。5名の発表を，発表者や審査員の立場で聞き合い，お互いのプレゼンテーションが審査員を納得させるものになっているかを相互評価させるとよい。1時間中にグループをかえて，2回発表する機会を設けることで，生徒は，聞き手を意識したプレゼンテーションを何度も経験したり，級友の魅力的な発表を聞いたりすることができる。

主体的に学習に取り組む態度 （総括に用いる評価）

▼ 評価内容

観点	達成項目／採点基準	評価材料
① プレゼンテーションの工夫	☐ 原稿に頼らず，聞き手とアイコンタクトをとりながら発表しようとした過程を振り返っている。	振り返りシート
② 情報を伝えるための補助的な工夫	☐ 視覚資料やジェスチャーを用いて伝えたい内容を表現しようとした過程を振り返っている。	
③ 練習動画	☐ 上記の①と②をしようとした動画を提出している。	動画

▼ カッティングポイント

B評価　①〜③の観点の達成項目を二つ達成できている。 **A評価**　①〜③の観点の達成項目をすべて達成できている。

留意点

●本単元を通してやってきたことを項目化し，課題に対する生徒の取り組み方を評価する。

●「話すこと［発表］」で身に付けたいプレゼンテーションのデリバリーの工夫を試行錯誤しながら，魅力的なプレゼンテーションにしようとする生徒の過程の記録を，「主体的に学習に取り組む態度」として評価する。「主体的に学習に取り組む態度」の評価方法としては，「評価内容」を盛り込んだ振り返りシートを活用する。生徒がストラテジーに関する気付きなどを振り返った内容などを評価対象とする。

●「ヤマ場の課題」を通して，生徒にプレゼンテーションのデリバリーのよさについて考えさせたり，モデル映像をもとに何度も練習させたりして，確実に技能として身に付けさせる。プレゼンテーションのデリバリーの工夫が実際に技能としてできているかについては，「ミニテスト」の「思考・判断・表現」の項目の一つとして含め，評価する。

ヤマ場の課題の評価の実施例

例1 プレゼンテーション［発表内容の書き起こし，部分抜粋］

［新旧ロボットについての情報］
・Buddy the Robot can check your emails, but he can't wash your dishes.
・Buddy the Robot 2.0 can check your emails and wash your dishes too.
［販売情報］
・It's a nice robot. Please buy it now.

［プレゼンテーションの様子（教師の見取り）］

［表現の工夫］
・原稿に頼らず，聞き手とアイコンタクトを取りながら発表している。
・抑揚・強弱・間を効果的に用いて発表している。
・聞き手に対し問いかけたり，その問いかけの答えに反応したりしている。

思考・判断・表現	B評価

・ロボット自体の情報が含まれている。
・製品を買ってほしいという内容を伝えている。

例2 プレゼンテーション［発表内容の書き起こし，部分抜粋］

［新旧ロボットについての情報］
・First, I will tell you about Buddy the Robot, our old robot. He can check your emails, but he can't wash your dishes because he can't get wet. He has another problem. His batteries only last for 24 hours, so you have to charge him every day.
・Second, I will tell you about Buddy the Robot 2.0, our new robot! He is now waterproof! He has 4 arms, so he can wash your dishes and scratch your back at the same time. And we fixed the battery problem too! He uses solar batteries, so you don't need to worry about charging them!
［販売情報］
・Last, I will tell you about important information. Buddy the Robot 2.0 is not expensive. Customers can get it easily.

［プレゼンテーションの様子（教師の見取り）］

［表現の工夫］
例1と同じ（省略）

思考・判断・表現	A評価

・製品であるロボット自体の情報が充実している。
・その製品を購入することにいかにメリットがあるかをアピールしている。

例3 振り返りシートと動画（概要）

「聞き手をひきつけるプレゼンテーションにトライ！」振り返りシート

Step1　モデルと比較して，自分のアイコンタクトでよかった点または改善すべき点は何でしたか？

> 発表するときは，アイコンタクトを意識しながら，話すことができました。ただし，友達からもう少し自信をもって話したほうがいいというアドバイスをもらったので，自信をもって話したいと思います。

Step2　視覚資料などの補助的な工夫をすることのよさで気付いたことは何でしたか？

> スライドの内容を指差しながら内容を説明することで，友達がむずかしい単語の意味がわかりやすかったと答えてくれました。これからも視覚資料を積極的に使っていきたいです。

Step3　モデル映像のように，アイコンタクトや視覚資料の活用をしたプレゼンテーションの練習の動画を録画し，アプリケーションを通して，提出しましょう。

> 提出済み→しかしながら，撮影した映像は，アイコンタクトやスライドなどの視覚資料を活用している様相が見受けられない

主体的に学習に取り組む態度　**B評価**

・提出された練習動画から，デリバリーの工夫を試みようとする様子が見受けられないため，B評価となる。
・プレゼンテーションの練習の動画を一人一人のすべてを確認することは，とても時間がかかる。「ヤマ場の課題」では，デリバリーを身に付けようとする過程を評価する。実際にできているかどうかは「ミニテスト」で評価する。そのため，提出した動画では，アイコンタクトや補助的な工夫を試みようとする様相（一生懸命に練習しようとしていたか）を評価の対象とする。こうすることで，何度も見返したりする必要がない。また，アプリケーションで，１枚のシートに振り返りと動画を両方合わせて提出させるなど，ICT教具をうまく活用したい。

例4 振り返りシートと動画（概要）

「聞き手をひきつけるプレゼンテーションにトライ！」振り返りシート

Step1　モデルと比較して，自分のアイコンタクトでよかった点または改善すべき点は何でしたか？

> アイコンタクトは同じような視線しかできていませんでした。モデルのように，全体を見渡すようにしたいです。そうすることで，自分の熱意などを相手に伝えやすくなると思います。

Step2　視覚資料などの補助的な工夫をすることのよさで気付いたことは何でしたか？

> 話す内容とスライドのタイミングを合わせることで，聞き手が内容を理解しやすくなると思います。また言葉だけだとうまく伝わらない内容を，スライドの視覚的な情報で補うように説明するとよいと思います。

Step3　モデル映像のように，アイコンタクトや視覚資料の活用をしたプレゼンテーションの練習の動画を録画し，アプリケーションを通して，提出しましょう。

> 提出済み→アイコンタクトやスライドなどの視覚資料を意識的に活用しようとする様相が見られる

主体的に学習に取り組む態度　**A評価**

・提出された練習動画を見ると，最初の段階から，アイコンタクトを意識したり，スライドを活用したりしようとする様相がはっきりとわかる。

ミニテストの課題

【課題】　ロボットを作る会社の営業担当者として，自社の既存のロボットについて，顧客に向けてプレゼンテーションしなさい。

［コミュニケーションの目的や場面，状況］
・あなたは ABC Robotics の営業担当者です。ABC Robotics は大きい会社で，多くの最新ロボットを作っています。あなたの仕事は，自社のロボットについて説明し，宣伝することです。自社の既存のロボットについて，説得力のある話し方，聞き手との関わり合い，そして整理された情報を使って，顧客に向けてプレゼンテーションをしましょう。

［条件］
・プレゼンテーションをするロボットについての情報は，第8時の授業内で受け取ります。
・プレゼンテーションでは，予め教師が用意している既存ロボットの視覚資料（スライド1枚）を用います。
・プレゼンテーションでは，ロボットの機能，外見の描写，聞き手にわかりやすく情報を整理するための工夫を入れましょう（知識・技能）。
・プレゼンテーションは一人1分以内で，別室で行います。

資料 教師が提示する既存ロボットの視覚資料のイメージ

プレゼンするロボット犬について

【基本情報】
商品名　　　Spot Mini
サイズ　　　180mm × 250mm × 300 mm
重さ　　　　500g
価格　　　　62, 500円（税込）
バッテリー　最大30時間駆動（フル充電まで6時間）
※オンラインショップで20%割引中（本日限りの特価）

（イラスト：あぷ／ illustAC）

【できること・強み】
・本物の犬のような仕草で振る舞ったり，歩いたり走ったりすることができる
・重さは他社の競合品に勝る（大部分がプラスチック製のため，軽い）
・バッテリーの駆動時間は他社の競合品に勝る

【できないこと・弱み】
・飛び跳ねること，5cm以上の段差を越えることはできない
・鳴き声を発することはできない
・触り心地は他社の競合品に劣る

指導と評価のポイント

①　すべての生徒が同じ題材と同じ環境でテストする。

・本単元で単元当初から明示済のGRASPSはなるべく変えない。第1時〜第8時までの授業で練習してきている技能を，すべての生徒に同じ題材（初見の既存ロボット）を使わせたプレゼンテーションで評価する。プレゼンテーションは別室で一人ずつ行うなど環境を統一することが望ましい。単元で学習してきた聞き手を意識した発表の「構成」「内容」と，それを表現するための「言語」を活用することができているかを，「思考・判断・表現」の評価項目として設定する。さらに聞き手を意識したプレゼンテーションのデリバリーができているかを，「思考・判断・表現」の評価内容として評価する。

②　ヤマ場の課題で試した力をテストする。

・第8時で各自のロボットのプレゼンテーションをするために，単元を通して練習を積み重ねてきた技能を，ここで発揮できるように指導する。つまり，第8時のプレゼンテーションと本時のプレゼンテーションが同じ技能として，単元を通して繰り返し練習されていれば，教師にとっても生徒にとっても「新たな課題（評価）」としての負担感はなくなるわけである。

③　各活動段階のポイントを押さえながら，実際の指導を行う。

・［初見の「既存ロボット」の準備活動］

　すべての生徒が，同じロボットについてプレゼンテーションを作るように，当該テスト用のロボットは教師が用意する。これまでは「読む活動」を通して既存ロボットのリサーチをしたが，生徒の実態に応じて，読む量を少なめにしたり，絵だけにしたりするなどして調整するとよい。ただし，絵だけにする場合には，「機能」がわかるように○や×でできることとできないことを示したり，「外見の描写」がしやすい見た目にしたりするなどの配慮が必要となる。題材のロボットが準備できたら，生徒が使うと思われる言語材料（助動詞can，外見描写のための形容詞，数など）を教師が考えておく。ただし，それ以外の言語材料であってもそれが適切に使用されていればよいので，限定的にしすぎない。

・［プレゼンテーションを練習する活動（話す活動）］

　基本的には第8時のプレゼンテーションのために繰り返してきた練習が，ここでも生かされるかたちになる。ただし，即興でプレゼンテーションをすることは，本単元のGRASPSにそぐわない（企業の営業担当が何の準備もせずにその場でプレゼンテーションをすることは実社会でもまずない）ので，このロボットについての練習を少なくとも2回程度はできるとよいだろう。題材を配付するタイミングは，練習時間をどのぐらい用意するかによって調整する。ここでは第8時に配付としたが，題材配付後に生徒が練習する時間を多めに取りたければ，それよりも前に配付してもよい。ただし，第8時で行うプレゼンテーションの縮小バージョンなので，同時に2種類のプレゼンテーションを練習するのではなく，できれば第8時のプレゼンテーションが終わってからの題材配付が望ましい。

・［プレゼンテーションのパフォーマンステスト］

　内容的には，後半の最新ロボットの部分を割愛して，時間も約半分程度で行う。本来は聞き手（顧客）がいる前で，そのやり取りも含めて評価すべきだが，聞き手の反応が違うことで環境が一定に保たれないので，別室で教師と1対1で行うのがよいだろう。教師は評価しながらもスピーカー（発表者の生徒）の声かけや掛け合いなどには，「聞き手」として適宜応じる必要があるだろう。力を借りられる場合は，ALTらに聞き手役をしてもらうことも考えられる。

ミニテストの評価基準

思考・判断・表現 （総括に用いる評価）

▼ 評価内容

観点	達成項目／採点基準	評価材料
① ロボットの機能を説明する表現	☐ 助動詞canなどを用いてロボットができることを複数述べている。 ☐ 助動詞canなどを用いてロボットができないことを複数述べている。	プレゼンテーション
② ロボットのよさの具体的な理由の表現	☐ ロボットの大きさ，形，重さの表現をもとに，ロボットのよさの具体的な理由を強調している。 ☐ ロボットの機能，値段などの表現をもとに，ロボットのよさの具体的な理由を強調している。	
③ プレゼンテーションのデリバリーの工夫	☐ 原稿に頼らず，聞き手とアイコンタクトを取りながら発表できている。 ☐ 視覚資料やジェスチャーを用いて伝えたい内容を表現できている。	

▼ カッティングポイント

B基準 ①〜③の観点の達成項目を四つ達成できている。
A基準 ①〜③の観点の達成項目を五つ以上達成できている。

留意点

● 適切な言語材料を「話すこと」のなかで適切に使用できているかを，「思考・判断・表現」の観点で評価する。プレゼンテーションのデリバリーについては，表現内容を相手によりわかりやすく伝えるためにパフォーマンスとしてできているかを評価する。

ミニテストの評価の実施例

例5 プレゼンテーション
[発表内容の書き起こし，部分抜粋]

・Spot Mini is a robot dog. It is a small dog size.
・Spot Mini can walk and run.
・It cannot talk or jump.
・You can buy Spot Mini online for 50,000 yen. But, today is 20% off. Please buy it.

[プレゼンテーションの様子（教師の見取り）]

[補助的な工夫]
・視覚資料やジェスチャーを用いて伝えたい内容を表現しようとしている。

思考・判断・表現　**B評価**

・ロボットの機能について説明することができている。しかしながら，大きさや値段などの事実は表現できているが，ロボットのよさの理由を具体的に説明できていない。

例6 プレゼンテーション
[発表内容の書き起こし，部分抜粋]

・Look at this picture (Pointing the picture) . This is Spot Mini.
・This robot is small. It is only 30 cm long (with gestures) .
・First, I will tell you about the robot's size and shape. Spot Mini is a robot dog. It has 4 legs and a tail like a dog. It is mostly made of plastic, so it is very light. It is only 500g!
・Next, I will tell you about the functions. Spot Mini can walk and run, but it cannot talk or jump.
・Spot Mini's battery lasts for 30 hours! When it runs out, you can recharge it overnight.
・Last, I will tell you about Spot Mini's price. You can buy it online for 50,000 yen. But, it is 20 % off only today! You should get it today (with gestures) !!

[プレゼンテーションの様子（教師の見取り）]

[デリバリーの工夫]
・原稿に頼らず，聞き手とアイコンタクトを取りながら発表しようとしている。
[補助的な工夫]
・視覚資料やジェスチャーを用いて伝えたい内容を表現しようとしている。

思考・判断・表現　**A評価**

・ロボットの機能について説明することができている。さらに，大きさや値段などの表現をもとに，ロボットのよさの理由を具体的に説明できている。

第7章

書くことの
評価プラン

来年度の新入生のためにALTの紹介記事を書き，新入生の不安を和らげよう

 単元の学習課題 来年度入学する新入生にALTを紹介するインタビュー記事をどのように作成するか。

単元の特徴と育てたい力

　この単元では，インタビュー記事を通して，ある英語落語家の英語落語に関する経験や経歴が明らかになり，その方の生き方や考え方がさまざまな面から紹介されている。インタビュー記事の問答には，インタビュー特有の表現にとどまらず，現在完了形（継続用法，完了用法，経験用法）などの表現が活用されている。このようにインタビューというコミュニケーションの方法を通して，相手の経験や考え方にふれることができるというインタビューの価値を学ぶことができる。

　このことは，外国語の「思考力，判断力，表現力等」などを高めるために，コミュニケーションの「目的や場面，状況」などを設定し，表現内容をもとにした適切な言語材料の選択を促し，生徒に考えを表現させることにつながる。いっぽうで「ALTにインタビューしよう」という活動を提示するだけでは，生徒が相手の聞きたい内容を引き出す取り組みにはつながりにくい。場合によっては，教師が示したモデルインタビューを見て，生徒が単語のみを入れ替えて，文章を完成させるという実態になり，「思考力，判断力，表現力等」などを高めることにつながらない。こうならないためには，インタビューの「目的や場面，状況」を明確にすることが大切である。明確さが高まることで，生徒が誰に，何を，どうやって尋ねればいいかという，よりよいインタビューの見通しをもてるからである。この状況設定の工夫により，生徒が本当に聞きたい内容（内容面）が引き出され，それをどうやって英語でまとめればいいかと思考，判断し，英語で内容を適切に表現（言語面）しようとする豊かな言語活動を目指したい。

単元の評価規準

知識・技能	思考・判断・表現	主体的に学習に取り組む態度
○　（知識）現在完了形（完了用法・経験用法）の特徴やきまりを理解している。 ○　（技能）インタビューの情報をもとに，現在完了形や教科書の重要表現などの語句や文を用いて書く技能を身に付けている。	○　来年度入学してくる新入生がALTに興味をもてるようなALTのインタビュー記事を作成するために，インタビューに向けて，まとまりのある展開，内容になるように，インタビューの質問を書いている。	○　来年度入学してくる新入生がALTに興味をもてるようなALTのインタビュー記事を作成するために，インタビューに向けて，まとまりのある展開，内容になるように，インタビューの質問を工夫して書こうとしている。

教材：「*Rakugo* Goes Overseas」『NEW CROWN English Series 2』三省堂
内容のまとまり（学習指導要領）：書くこと　ア，イ

指導と評価の計画（9時間）　観点の黒丸は総括に用いる評価（記録に残す評価）

次	学習過程
1 (1)	○ 現在完了形（完了用法）を用いて，中学校生活ですでにしたことや，まだしたことがないことについてインタビューする。
2 (1)	○ 現在完了形（経験用法）を用いて，新潟県や他の都道府県で行ったことがある場所や行ったことがないが行ってみたい場所や，その理由についてインタビューする。
3 (1)	○ 教科書の英語落語のポスターを参考に，相手の興味をひく見出しや相手の興味をひき付ける質問内容を理解する。
4 (1)	○ 教科書の英語落語の説明を参考に，初めて見聞きする人にとって，興味をひく情報の内容はどうするべきか理解する。
5 (2)	○ 英語落語家のインタビュー記事を参考にしながら，ある人物を初めて知る人にとって必要な情報やそれを引き出すための質問をまとめる。
6 (3)	○ 教科書のインタビュー記事をもとに，新入生にALTを紹介するインタビューの内容とそのまとめ方を教師と共に作成する。 **思 主** ▷p168 ○ グループごとにALTにインタビューし，そのインタビュー結果をインタビュー記事としてまとめる。
定期テスト	○ ALTを紹介する英語新聞で，中学校の英語科の先生を紹介する場合，新入生が興味をもってくれるような紹介記事にするために，どのような質問をするべきか考える。 **知 思** ▷p174

留意点

●生徒自身が中学校入学時に，英語授業でALTについてどんなことを知りたかったか想起させる。そこから，必要な情報を引き出すために授業で学習した現在完了形（継続用法・完了用法・経験用法）が実際に使える見通しをもたせる。
●教科書のモデル文のように，ALTを初めて知る新入生にとって，ALTの意外な一面を知ることは興味をひくのではないかという見通しをもたせる。
●本単元では，「ヤマ場の課題」で「思考力，判断力，表現力等」を高め，定期テストでまとまりのある文章を書かせるパフォーマンスを伴う課題を出題し，「思考・判断・表現」の評価をする。

単元のおもな評価場面

生徒のやる気ステップ

ALTに聞きたい内容が見付かったし，英語でインタビューをする自信はないけど，挑戦してみようかな。

インタビューの展開はわかったよ。内容としてALTの経歴について質問すると，意外な一面を伝える，より興味深い記事になりそうだ。

【見取り・励まし】【評価】

［評価１：ヤマ場の課題］

・単元の学習を総括する活動を組み、おもに「思考・判断・表現」を形成的評価、「主体的に学習に取り組む態度」をミニ総括的評価として評価する（第７～９時）。

【課題】
新入生にALTを紹介するためのインタビュー記事を作成するために、インタビューの展開や内容を考えよう。

・やる気スイッチ度　　　★ ★ ★
・評価の公平性・妥当性・信頼性　★

▷ pp168-173

【評価】

［評価２：定期テスト］

・単元で学習した「インタビュー」というテキストフォーマットの特徴を踏まえ、単元の学習課題をダウンサイズしたペーパーテストを実施し、「知識・技能」「思考・判断・表現」をミニ総括的評価として評価する。

・やる気スイッチ度　　　★
・評価の公平性・妥当性・信頼性　★ ★ ★

▷ pp174-177

テストはうまくできそうだし、読み手の興味をひくために、どのような内容や表現で、インタビューをすればいいかポイントがわかったよ。ほかのインタビューの場面でも、今回の経験は役に立ちそうだ。

やる気スイッチ度　　　　★★★
評価の公平性・妥当性・信頼性　★

ヤマ場の課題（3時間の学習活動）

【課題】　来年度の新入生に ALT を紹介するために，あらかじめ質問を考えたうえでインタビューを実施して，記事にまとめなさい。

［コミュニケーションの目的や場面，状況］
・来年度入学予定の新入生に対して，生徒会新聞で「先生紹介」を掲載します。先生紹介には ALT を紹介する特別号があり，そこにインタビュー記事を掲載し，新入生に ALT に興味をもってもらうことが企画のねらいです。新入生は中学校の英語学習のスタートに期待や不安を抱いています。ALT を新入生によく知ってもらうために，どのような質問をするか考えましょう。

［条件］
・授業内で ALT にインタビューする時間を設定します。
・ほかのグループや自分のグループのインタビューを聞き取り，教科書のモデル文のように，インタビュー記事としてまとめます。新入生が読んでみたいと思うように，工夫してまとめましょう（記事の完成版は p178 参照）。

指導と評価のポイント

① 「目的や場面，状況」の設定を生かして，豊かな言語活動を生み出す。

・本単元の課題である「ALTのインタビュー記事」を作成することの「目的や場面，状況」を設定する。「誰に？ 何を？ 何の目的で？ どうやって？」などコミュニケーションの場面を明確にし，生徒たちがインタビューというテキストフォーマットに応じた質問内容（内容面）やそのための英語表現（言語面）を見通せるようにしたい。教師から質問内容を限定させるのではなく，生徒たち自身が「実際に聞いてみたい！」と思う内容を考え，それを英語でどのように伝えればいいか試行錯誤する過程に豊かな言語活動が期待できる。

② よりよいインタビュー記事のつくり方を体験させる。

・インタビューの相手や記事の読者によって，質問内容が変わることを模擬体験する。例えば「ペアでALTの経歴について聞きたいことをインタビューするロールプレイ活動」を行ったあとに質問内容を共有する（図1）。その後，インタビューの結果を伝える相手がALTのことをまったく知らない新入生だとしたら，質問内容がどのように変わるかを発問する。

③ 来年度の4月の生徒会新聞で作成予定の「先生紹介」で，新入生に向けてALTのインタビュー記事を掲載することを課題で提示する。

・必要に応じて生徒会担当，新聞委員会と実際に発行に向けた打ち合わせをしておく。
・小学校の体験授業などで，小学生が中学校での英語学習への期待が高かった一方で，ALTが小学校とかかわることへの不安を抱いていることなども情報として示す。課題設定には「生徒にとっ

て挑戦しがいのあるもの」「取り組むべき必然性のあるもの」「集団全体で考える価値のあるもの」などが必要である。教師の細かな工夫で生徒の課題を解決しようとする目的意識を醸成することができる。

④　ワードクラウド等を活用し，有効な展開や質問内容をクラス全体で視覚的に共有する。

・新入生とALTのつながりがまったくない状況で，新入生に興味をもってもらうために必要なインタビュー情報は何かを，タブレット端末のワードクラウドの機能などを活用して視覚化し，共有する（p172参照）。それぞれの質問内容が，新入生とALTの先生との新たな出会いや関係づくりに有効であるかを検討する。また，教科書のインタビュー記事のモデルを参考にし，どのような展開や受け答えが有効であるかを分析する。

⑤　思考ツール等を活用しながら，各グループでインタビュー計画をまとめる。

・ワードクラウドなどを通して共有した質問内容を思考ツールなども使いながら整理させ（図2），展開のなかでどのように位置付けるかを考えさせ，インタビュー計画としてまとめさせる（下表参照）。展開の流れ，それぞれの質問が新入生にとってどんな意味があるのかなどを考えることで，新入生の立場に立ったインタビューの計画を立てることができる。

⑥　コミュニケーションを図る力の評価を重視し，観点を盛り込みすぎない。

・「ヤマ場の課題」は，おもに「思考力，判断力，表現力等」の育成と，パフォーマンスに取り組むことで表出する生徒の「主体的に学習に取り組む態度」の評価に焦点を当てる。

図1 質問内容を共有するために板書したもの

図2 生徒がロイロノートの
思考ツールに記入したもの

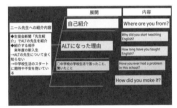

表 班ごとのインタビューの計画（サンプル例）

展開	内容	質問
1　あいさつ，インタビューの許可を取る →インタビューの始め方	・あいさつ ・自己紹介 ・インタビューの許可	・I'm Shingo. ・Nice to meet you. ・I'd like to ask you a few questions.
2　ALTになった理由 →ALTとしての経歴について聞く	・いつから始めたか ・何年間働いているか	When did you start teaching English to junior high school students? など
3　○○中の学校生活で困ったことや驚いたこと →新入生がALTの意外な一面を知ることができるように聞く	・○○中学校の学校生活で困ったことは何か ・驚いたことは何か ・どうやって解決したか	Have you ever had a problem at this school? 　など
4　まとめ →新入生へのメッセージ	・新入生へのメッセージは何か	What's your plan next year? など

ヤマ場の課題の評価基準

思考・判断・表現 （指導に生かす評価：定期テストで測りたい「書くこと」の評価基準の設定）

▼ 評価内容

観点	達成項目／採点基準	評価材料
① インタビューの「展開」	□ あいさつ，インタビュー，まとめなど流れのあるインタビューの展開ができている。	インタビュー記事
② インタビューの「内容」	□ 新入生に興味をもってもらうために，ALTの自己紹介を引き出す質問を書くことができている。 □ 新入生とALTの経験などをつなぐ内容を引き出す質問を書くことができている。	
③ 「言語」材料の選択の適切さ	□ ALTの経験や経歴の話を引き出すために必要な現在完了形を活用できている。	

▼ カッティングポイント

B評価 ①〜③の観点の達成項目を一つずつ達成できている。
A評価 ①〜③の観点の達成項目をすべて達成できている。

留意点

●「思考力，判断力，表現力等」を高めるためには，インタビュー記事の読み手である新入生をどれだけ意識したインタビューができているかが評価のポイントになる。新入生にALTに対して興味をもってもらうことが目的であることから，「どのように興味をもってもらえるか」が内容を大きく影響する。さらに，インタビューの展開を考え，自然な流れでインタビュー記事をまとめることが大切である。また，それを適切な言語材料を活用して表現することになる。このように「内容面（インタビューの展開・インタビューの内容）」と「言語面（適切な言語材料の活用）」の3点から「思考力，判断力，表現力等」を育成する。

主体的に学習に取り組む態度 （総括に用いる評価：「書くこと」のストラテジーに関するもの）

▼ 評価内容

観点	達成項目／採点基準	評価材料
① 「思考ツール」を使って，インタビューの目的を考え，内容を工夫しようとしている態度	□ 思考ツールを使って，インタビューの「展開」「内容」「言語」を組み立てようとしている。 □ 思考ツールを使って，インタビュー記事をまとめることのよさを考えようとしている。	思考ツール 振り返り

▼ カッティングポイント

B評価 達成項目を一つ達成できている。
A評価 達成項目を二つ達成できている。

留意点

●インタビュー記事を完成させることが目的であることから，読み手である新入生を意識したインタビュー記事の「展開」「内容」「言語」がどれだけできているか，そのために質問をどのように工夫して構想しているかを評価する。インタビューに取り組む様子については，評価の対象としない。

具体的には「書くこと」のストラテジーとして思考ツールを使って，インタビューの「展開」「内容」「言語」を構想できているかを評価する。ストラテジーを身に付けようとする過程の振り返りに焦点を当てる。生徒はインタビューの「目的や状況，場面」を意識することで，読み手である新入生にとって興味深いインタビュー記事の「展開」「内容」「言語」を構想しようとする。読み手を意識しながら，生徒は書く前に「展開」「内容」「言語」を思考ツールに可視化する。そして，それらのまとまりある内容を適切な表現を用いて，表現しようとする。このような，「思考力，判断力，表現力等」の高まりの過程で，「主体的に学習に取り組む態度」を評価する。

ヤマ場の課題の評価の実施例

例1　インタビュー記事（部分抜粋）

[あいさつ]
・I'm Shingo. I'd like to ask you a few questions.

[質問]
・Where are you from? And please tell me about your country.
・What is your favorite food?
・How long have you worked at this school?
・Have you ever been to Sado Island?

[お礼]
・Thank you for your time. I've enjoyed talking with you.

思考・判断・表現　　B評価

・観点①の「展開」については，流れのある内容になっている。しかし，観点②「内容」において，ALTの自己紹介に関する質問に終始してしまい，新入生とALTの経験，経歴をつなぐための質問ができていない。観点③の「言語」の適切な使用については，教科書の表現や現在完了形をうまく活用できている。

例2　インタビュー記事（部分抜粋）

[あいさつ]
・I'm Shingo. I'd like to ask you a few questions.

[質問]
・Where are you from? And please tell me about your country.
・Next, why did you start teaching English?
・How long have you been an ALT?
・Have you ever had a problem at this school?
・How did you make it?
・What's your plan next year?

[お礼]
・Thank you for your time. I've enjoyed talking with you.

思考・判断・表現　　A評価

・観点①の「展開」については，流れのある内容になっている。観点②「内容」においても，ALTの自己紹介に関する質問だけでなく，新入生とALTの経験，経歴をつなぐための質問ができている。観点③の「言語の適切な使用」についても教科書の表現や現在完了形をうまく活用できている。

思考ツールを使って，インタビュー記事の「展開」「内容」「言語」を考える

（1）以下のワードクラウドの内容をもとに，インタビュー記事の「展開」「内容」「言語」を，思
　考ツールにまとめましょう。

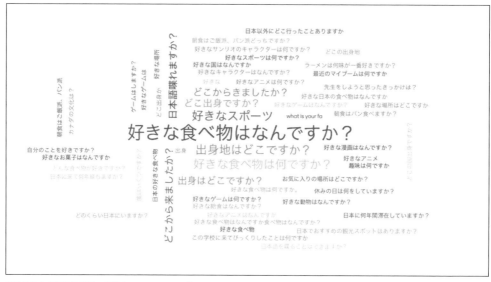

※生徒たちが考えた質問の候補をMentimeterの「Word Cloud」で可視化したもの

（2）インタビュー記事の「展開」「内容」「言語」を思考ツールにまとめることができたか，記事
　を書くために思考ツールを活用することのよさは何か，振り返りましょう。

①思考ツールのまとめ方の自己評価と，その理由や今後への課題を書きましょう。

自己評価　　A　B　C　（いずれかを丸で囲む）

②インタビュー記事を書くうえで思考ツールを活用することのよさは何だと思いますか？

例3 思考ツールと振り返り

[（1）思考ツール（ロイロノートの思考ツールに生徒が記入したもの）]

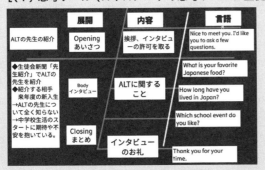

主体的に学習に取り組む態度　B評価

・今回のコミュニケーションの「目的・場面・状況」に着目した，思考ツールを活用した振り返りになっていない。思考ツールを活用することで，インタビューで多くの質問を考えることができることに着目しているが，インタビュー記事を作成する「目的・場面・状況」を踏まえた振り返りを書くことができていない。

[（2）振り返り（生徒がワークシートに記入したもの）]

①B。（理由）ALTの先生に関する質問をあまり考えることができませんでした。もっと，好きなものや日本の生活に関することを質問できるようにしたいです。
②色々な質問を考えられることです。一つの質問だけではなく，面白い質問を考えることができると思います。

例4 思考ツールと振り返り

[（1）思考ツール（ロイロノートの思考ツールに生徒が記入したもの）]

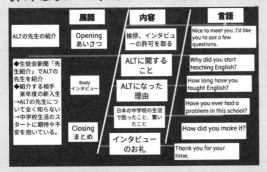

主体的に学習に取り組む態度　A評価

・今回のコミュニケーションの「目的・場面・状況」に着目し，思考ツールを使って，インタビュー記事の「展開」「内容」「言語」をどのように組み立てればいいか考えている。新入生にインタビュー記事を書くために，ALTにインタビューすることの目的や，興味深い内容になるために，どのような質問を考えるべきかというストラテジーを踏まえた記述を見取ることができる。

[（2）振り返り（生徒がワークシートに記入したもの）]

①B。（理由）新入生にとって，もう少し興味のある展開になるように内容を考えるとよいと思いました。展開が変わるだけで，内容も変わります。次回は新入生がALTの先生に興味をもってくれるようにまとめたいです。
②書くことの展開や内容が明確になることだと思います。何回も考えたことを，新しく書き直すこともできます。インタビュー記事が新入生にとって興味深い内容になるように工夫するために，「思考ツール」を使うことはとても効果的です。

やる気スイッチ度　　　　★
評価の公平性・妥当性・信頼性　★★★

定期テストの問題1（書くこと，思考・判断・表現）

【問題】 来年度入学予定の新入生に対して，生徒会新聞で「先生紹介」を掲載します。英語担当の先生を紹介するコーナーがあり，そこにインタビュー記事を掲載し，担当の先生に興味をもってもらうことがねらいです。思考ツールを使ってあなたは「展開」を考えました。インタビューのねらいを意識し，下の「内容」を並べ替え，それらを表す英語の「インタビュー（言語)」をまとめなさい。なお，すべての内容を表し，5文でまとめること。

資料2 インタビューの台本のワークシート（ロイロノートの思考ツールを使って作成したもの）

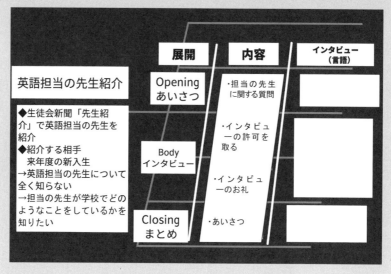

定期テストの問題2（書くこと，知識・技能）

【問題】 次の（1）～（4）の日本語に合うように，[　]内の単語を並べ替えて，正しい英文を書きなさい。

（1）私は一度も箸を使ったことがありません。

[chopsticks / never / I / used / have].

（2）彼は新潟に2年間住んでいます。

[lived / Niigata / he / for / in / two years / has].

（3）彼女はちょうど日本食を食べ終えたところです。

[just / her Japanese meal / she / finished / has / eating].

（4）あなたは今までに佐渡に行ったことがありますか？

[Sado Island / ever / have / to / been / you]?

※特定の言語材料（現在完了形）を単文で書く問題

定期テストの問題3（書くこと，知識・技能）

【問題】　次の（1），（2）の会話文を読んで，_____に適する語句を書きなさい。なお，[　]内の単語を必ず用いること。

(1) A: Do you have any plans for winter vacation?

　　B: Yes. I will go skiing in Yuzawa. It will be the first time.

　　　 I _____ tried skiing.

　　A: Oh, really? I have tried skiing once.

(2) A: I have two tickets for rakugo. Why don't you come with me?

　　B: I'd love to.

　　　 I _____ interested in rakugo _____ a long time.

※特定の言語材料（現在完了形）の会話文を書く問題

定期テストの問題4（書くこと，知識・技能）

【問題】　次の（1）〜（4）のインタビューに関するやり取りを，[　]内の条件に従って，主語，動詞のある3語以上の英文で書きなさい。

(1) A: How long have you lived in Tokyo?

　　B: [3年間住んでいるという内容で答える。用いる英単語：three years]

(2) A: How many times have you ever climbed Mt. Fuji?

　　B: [2回登ったことがあるという内容で答える。用いる英単語：twice]

(3) A: [相手にインタビューで質問をしていいか許可を取る。用いる英単語：a few questions]

　　B: Sure. Of course.

(4) A: [お話ができて楽しかったことを伝える。用いる英単語：talking with]

　　B: My pleasure.

※「ヤマ場の課題」に関するインタビューの問題

指導と評価のポイント

① 単元の課題をダウンサイズしたインタビュー記事の定期テスト問題を作成する。

・単元の課題である「ALTのインタビュー記事」を作成するために必要なインタビューの「展開」「内容」，そして質問に必要な「言語」を書くことができているかを評価する。作成する際に，単元の課題とは別の人物を設定することや，生徒に自由作文ではなく条件作文を課すようにする。

② 採点基準は「展開」「内容」「言語」をもとに，「思考・判断・表現」を評価する。

・「展開」はインタビュー全体の流れを表現できているか，「内容」はインタビューの目的を達成するための質問内容になっているか，「言語」は「内容」を表現するために適切にかつ正確に英語で書くことができているか，を評価する。

③ 生徒の実態に応じて「展開」「内容」「言語」をどれだけ考えさせるか吟味する。

・「ヤマ場の課題」で生徒はインタビューの質問を書くことを経験しているため，「展開」「内容」についてはある程度，「言語」についてはすべてを，思考，判断，表現するように求める。

定期テストの評価基準

思考・判断・表現 （総括に用いる評価）

▼ 評価内容

	観点	達成項目／採点基準	評価材料
①	インタビューの展開・内容	2点―「あいさつ」「インタビューの許可を取る」「担当の先生に関する質問」「インタビューのお礼」の展開をすべて押さえている。 1点―上記の四つのうち，一つまたは二つを押さえている。	ペーパーテスト
②	言語材料の選択の適切さ	1文2点で採点する。計10点。なお，減点法で行う。減点の基準は次の通り。 ・インタビューの目的である新入生に担当の先生を紹介する内容になっていないものについては，英文が正確であっても -1点とする。 (例) Have you finished lunch yet? / Did you play games yesterday? ・冠詞の脱落，単数形・複数形の誤りは，減点しない。 ・スペルエラーについては，-1とする。 ・文法エラーにより，文として成立しないものについては，-2とする。 (例) What long have teach English?	

▼ カッティングポイント

B基準 配点合計12点中9点以下の得点である。
A基準 配点合計12点中10点以上の得点である。

留意点

●単元の課題で身に付けたインタビューの「目的や場面，状況」に応じた質問を考えることができているかを「思考・判断・表現」として評価する。

知識・技能 （総括に用いる評価）

▼ 評価内容

評価項目		正答例	評価材料
問題2	4問	(1) I have never used chopsticks. (2) He has lived in Niigata for two years. (3) She has just finished eating her Japanese meal. (4) Have you ever been to Sado Island?	ペーパーテスト
問題3	2問	(1) have never (2) have been / for	
問題4	4問	(1) I have lived in Tokyo [there] for three years. (2) I have climbed Mt. Fuji twice. (3) I'd like to ask you a few questions. (4) I've enjoyed talking with you.	

176

定期テストの評価の実施例

例5　インタビュー台本（部分抜粋）

[あいさつ]
Nice to meet you.

[担当の先生に関する質問]
Haw long have you teach English?
How many classes teach?
What club aktivity do you teach?

[インタビューの許可を取る」
「インタビューのお礼]
（記入なし）

思考・判断・表現　　B評価

[採点]
展開・内容
1点「インタビューの許可を取る」「インタビューのお礼」が抜けている。
言語
2点正答 Nice to meet you.
1点スペルエラー H<u>a</u>w long have you taught English?
0点文法エラー How many classes teach?
1点スペルエラー What club a<u>k</u>tivity do you teach?

合計12点中5点

例6　インタビュー台本（部分抜粋）

[あいさつ]
Nice to meet you.

[インタビューの許可を取る]
I'd like to ask you a few questions.

[担当の先生に関する質問]
How long have you taught English?
What club activity do you teach?

[インタビューのお礼]
Thank you for your time.

思考・判断・表現　　A評価

[採点]
展開・内容
2点すべての「内容」を書けている。
言語
特に間違いはない。

合計12点中12点

*1　期待するインタビュー記事の完成版

Enjoy English with Mike!

I: interviewer　　M: Mike

I: I'm Shingo. I'd like to ask you a few questions.

M: Sure.

I: Where are you from? And please tell me about your country.

M: I'm from San Francisco, America. I love my country. My home town has a great bridge, Golden Gate Bridge.

I: Next, why did you start teaching English?

M: Because I like children. When I was young, I used to work as a volunteer at an elementary school. When I came to Japan, I decided to teach English to students.

I: I see. How long have you been an ALT?

M: I have been an ALT for five years.

I: Have you ever had a problem in this school?

M: Yes, I have. I couldn't understand where the classes are. This school is very big. It is difficult for me to understand the structure [建物の構造] .

I: How did you make it?

M: Well, the students and teachers are very kind. They teach me every time, so I love this school.

I: Great. What's your plan next year?

M: I want to enjoy English with the new first year students. I hope they will enjoy studying English. English is fun!

I: Thank you for your time. I've enjoyed talking with you.

※タブレット型端末を使用して書式を示す場合は，記事のなかに写真や絵などインタビューに関連するものを加えられるようにする。読み手が興味をもって読んでくれるように仕上げるようにまとめる。

補　章

著者座談会

（中島真紀子×河野圭美×吉崎理香×和田牧子×上村慎吾）

著者座談会

参加者　中島真紀子（筑波大学附属中学校）　　　　　　聞くこと（3章）担当
　　　　河野　圭美（松山市立久谷中学校）　　　　　　読むこと（4章）担当
　　　　吉崎　理香（富山大学教育学部附属中学校）　　話すこと［やり取り］（5章）担当
　　　　和田　牧子（さいたま市立大宮国際中等教育学校）話すこと［発表］（6章）担当
　　　　上村　慎吾（新潟市立白新中学校，司会）　　　書くこと（7章），総論（2章）担当

学習評価の中核としての「思考・判断・表現」

◆　ふだんの実践を通して考えていること

上村　今日の座談会は，学習評価の中核となっている「思考・判断・表現」にフォーカスを当てていきます。新学習指導要領の全面実施からの2年間にどのようなことに取り組まれてきたか，うまくいったこともそうでなかったことも踏まえながら，結果的にこんな意図で原稿を書かれたんだなというのが読者に伝わると，よりいいんじゃないかなと思います。和田先生，まずどうですか。

和田　私は現在国際バカロレア（IB）認定校に勤務していて，普段の授業で「思考・判断・表現」をどう見取るかは，あまり意識していません。いっぽうで，単元のつくり方は思考，判断の連続みたいなところもあって，生徒たちは単元の最初から最後まで「思考・判断・表現」を繰り返していて，その結果が最後に評価になるという感じはあります。

上村　IB認定校は独自のカリキュラムをつくっていて，評価論もでき上がっていますよね。

和田　はい。英語だけでなく全教科で同じカリキュラムのつくり方です。GRASPS（※）といって，例えば「この単元であなたはこういう立場の人物で，こういうミッションがあって，そのためにあなたはこういう研究をして，最後にはこれをしますよ」という設定を，どの教科のどの単元でも最初にもってきて，それを前提に単元が始まっていきます。

吉崎　本校でも言語活動の「目的や場面，状況」の設定は旧観点の頃から大事にしてきましたが，きちんと設定して活動することで評価しやすくなりましたし，生徒への説明もしやすいなと思います。

上村　吉崎先生の原稿（第5章）を読んで思ったのが，生徒たちの発言内容の自由度が高いですし，やり取りをよりよくするために用いるストラテジーを一つに制限しないですよね。

吉崎　しないです。基本的に生徒たちが話したいと思うことを表現させたいと考えています。ストラテジーや定型表現は与えますが，それを生徒たちがどういう場面でどう取り入れていくかは，長い目で見て身に付いていけばいいなという思いです。

上村　その長い目って，教員ができないことなんですよね，意外に。

吉崎　つい焦っちゃうんですよね。特にやり取りは本当に根気強く取り組ませないと伸びません。Can-Doリストをベースに，いつまでにここまでできるようにという見通しが教員にないと。ただ，長いスパンで育てなさいよと言われても，うまく指導できないですね。

中島　いま「即興的に適切に表現する」ことに注目して研究しているのですが，生徒は「適切に表現を取捨選択する」プロセスにおいて，「評価されている」と思うと，自分が本当は思っていないけれど言えることを言ってしまう傾向が見られます。例えば What are you planning to do this afternoon? と言われて，本当は野球をしないのに，I'm going to play baseball. と言ってしまうという具合です。

上村　もうとにかく I'm going to を言わなきゃと，頭がいっぱいなのでしょうね。

　※ GRASPS……Goal Role Audience Situation Performance Standard の頭文字を集めた言葉。

中島　コミュニケーションとして適切でない表現が起きてしまいかねない。評価をするときに，特に「思考・判断・表現」であれば，何を言っているかわかる程度なら正確さの不足などは大目に見ていくことも大事だと思います。

上村　私たちが「そもそも英語を学ぶとは何なのか？」を考えないままに評価に入ってしまうと，生徒も英語を楽しみながら授業ができないなとうかがっていて思いました。

コミュニケーションの「目的や場面，状況」をどうつくるか

◆　生徒にとって「意味のある言葉」で導入する

上村　生徒たちの才能を引き出すために，英語そのものや授業に対する面白さ，わくわく感をどうやって引き出すかが，ますます重要になっているように思います。

　今回の改訂でフォーカスされているなかで，「思考・判断・表現」をオーセンティックにすることや，プレゼン・スピーチ・インタビュー活動を入れて生徒たちのアウトプットの量を増やしていくことなど，生徒たちが言いたくなるように仕掛けるということが中心にあるように見えるんです。ただ，生徒たちが最初から内容や構造を組み立てて表現する，そういう授業を毎回実現していくのは結構ハードル高いように思います。

中島　リアルな「目的や場面，状況」を無理にでも設定しようとすると，まず生徒に説明して理解させるのに時間かかる。そうすると本末転倒になってしまいます。

上村　そうですね。

中島　導入は「知識・技能」を詰め込むだけになりがちですけど，させ方によっては，生徒たちの「思考・判断・表現」につながります。いかに意味のある文で，パターン・プラクティスをさせるか，意味のある文で導入させるかによって，教室全体がコミュニケーションの場になると思っています。

上村　それってどうするんですか。私自身が基礎・基本やドリル活動を重視して，とにかく知識を入れ込めば生徒たちは主体的に話すだろうみたいな感じだったのが，うまくいかなかったんですよね。生徒たちも飽きたみたいな感じになってしまって……。

中島　させ方によっては，そうなっちゃうかもしれないですね。リテリングをするときがあるのですが，例えば問いの出し方を工夫します。『ONE WORLD』にうま味を説明しているページがあるんですね。日本食は人気があるので生徒が海外に行ったら，「うま味ってどういう味？」とか聞かれる状況が起こりうる気がしませんか。「これ，いつか使えるんじゃないか？」と思えるパートをピックアップしてリテリングをさせます。

上村　なるほど。そういう切り口ですか。

中島　「あなたの友達に What is Umami? Can you tell me about Umami? と聞かれたら，何て答える？」という会話を設定する。そうしたら教科書の「うま味」について書いてある箇所をピックアップして言うだけです。口頭で「うま味」の開発者のことなど教科書に載っていない情報も伝えたら，生徒たちはそれらも付け加えながら表現していました。

上村　英語の表現を生徒たちに渡すときに，生徒が欲しているものや状況があるとか，生徒がそれを学べば何か変わりそうだと感じるような，「目的や場面，状況」の設定が重要だと思います。教科書の題材に生徒たちが入れるようにすれば，「目的や場面，状況」に即して伝えなければならない内容を生徒たちは自分で考えられるわけです。生徒たちが自分の興味関心や背景知識をもちながら考えたことを，自分の言葉で表現できるように，中島先生はインプットの仕掛けを大事にしていらっしゃるんだなと思いました。

中島　オーセンティックな場面をつくることは，必ずしも簡単ではありません。いかに意味のある

言葉を話させるかも，大事だと思っています。

上村　「コミュニケーション場面を設定するから，生徒たちが主体的に乗ってくる」と捉えると，授業やテストが先生方のアイデア大会になってしまいますよね。そうではなく，教科書にあるちょっとした表現でも，それを生徒たちが「ちょっと使ってみたい」と思える状況にもっていくことは，言葉を学ぶ教科としてすごく大事だなと思います。

中島　あとはいつも使用している表現が教科書に出てきたときに，「先生がいつも使ってるやつじゃん」となれば大成功です。コミュニケーションの場ができていれば，活動自体がオーセンティックじゃなくても，英語の授業としてのオーセンティックさはありますよね。

上村　オーセンティックです。英語を使ってコミュニケーションしているのですから。

◆　毎回リアルを求めなくてもいい

中島　そうは言っても，場面設定は好きなんです。同僚にとても上手な先生がいます。既習の場面をバンって見せて，新出文法を導入しちゃうのです。

上村　教科書の場面を再利用するとかっていうことですか?

中島　そうです!　例えば『NEW CROWN』の改訂前の1年生の最初の頃に，バレーボールをしたあとにAre you thirsty? I'm thirsty.という場面があったのですが，その場面をぱっと見せてWhat were they doing?と聞きます。生徒たちもそれを見た段階で，「え，何してたんだっけ?」と考え始めて，So I think they were playing volleyball.となります。そこでYes, they were playing volleyball 5 minutes ago. So they have just played volleyball. という流れで，現在完了形の完了用法を入れるんです。完了の場面設定をわざわざしなくても，ピクチャーカード1枚でできるんです。1年生の教科書では全然違う会話をしていたけれど，その場面はバレーボールをした直後で，喉が渇いていて，tiredな状況で，それを使うのです。登場人物の内容が濃い教科書ほど，おもしろい場面設定になりますね。

上村　生徒たちがやり取りのおもしろさを見いだしていて，登場人物が何を言うんだろうとか，この人たち恋愛関係だから次はこういう発言するだろうとか，推測するわけですよね。

中島　ALTにこうしよう，海外の人に伝えようとか，それも楽しいので，そういう「目的・場面・状況」をつくるときもあります。でも毎回それじゃなくてもいいんじゃないかなとも思います。教科書のキャラクターや場面のリアルさを生かせば，十分に楽しめますので。

上村　言葉のおもしろさを感じるコミュニケーションを，先生の学校の生徒たちは，さまざまな仕掛けで楽しんでるんだなと，お聞きしていて思いました。

生徒が本気でコミュニケーションしたくなる授業とは

◆　等身大のコミュニケーションを保障する

和田　英語科では表現したい内容があっても，それを表現する言葉が足りないという状況があります。新しく導入する文法や知識に合わせて，生徒の表現が制限されてしまう場面も多いと思います。15歳の思考をもっていても，言語は6歳レベルみたいな状況が結構あると思うんです。かといって15歳としての思考を大いに発揮する部分をつくっていかないと，生徒たちも活動がつまらなくなるんじゃないかなと思います。

上村　クエスチョン・アンド・アンサーで終わる毎日の会話なんてないですよね。

吉崎　核になるのは，自分が言いたいと思うことを表現できる授業。もしくは，友達の意見を聞いて楽しいなとか，そういう考え方あるんだという発見があり，それに伴うコミュニケーションに，英語を使って挑戦してみようと思わせる授業かなと思います。

　以前，ある生徒が授業で話した「冬休みにこういう場所に行く，行くのが楽しみだ」ということ

を私が覚えていて，1週間後の授業で「準備進んでる？」「何するの？」のように話の続きをしたときに，その子がすごくうれしそうな顔をしました。授業で何気なく話したことが先生の頭に残っていて，1週間後に話の続きを聞いてくれた，という気持ちだったと思うんです。そこが真のコミュニケーションというか，私との関係づくりのなかでずっと生きてる内容なんだと。生徒の表情から「うれしかったんだ，この子」と思ったときに，これだと思いました。

上村　経験は，英語を学びたい，話したいというきっかけに絶対になる。結果的に思考，判断に直結してる根本なわけじゃないですか。そこから生徒にとっておもしろさやわくわく感のある授業ができていくんだろうなと，うかがっていて思いました。

◆　安心感や信頼関係をつくる

河野　リテラチャー・サークルという取り組みが，生徒たちが目を輝かせて取り組む活動なんです。私はずっと「話すこと［やり取り］」の領域で評価をしていて，「読むこと」ではこれからといったところなんです。

上村　今回，河野先生と検討させていただくなかで，「読むこと」でも可能だろうなと，すごく思いました。リテラチャー・サークルとの出合いについてうかがえますか。

河野　ずっと教科書の本文を教えるのが苦手だったんです。何のために読むのか，なんでこの文法を勉強するのか，なんで英語を勉強するのか，私自身そこを大事にしたいところがあります。リテラチャー・サークルは附属中学校にいた頃に，愛媛大学の英語の先生にアメリカでこういう取り組みがあるよと紹介いただきました。日本の中学生向けにアレンジを始めて，3年ぐらいかけて型ができたところです。「リテラチャー・サークルをするために学校に行っていました」という感想もあるほど，生徒も楽しみにしています。

上村　生徒たちが恥じらいなく話せる風土ができているのは，素晴らしいですね。

河野　まずは教員と生徒たちの信頼関係をつくる努力をしました。英語は楽しいよというところから，大人は敵じゃなくて味方なんだよっていうところを。

　グループ編成も重視しました。4，5人のグループをつくるのですが，この子とだったら安心できるだろうなっていう子たちと，グループを教員が決めて，まずそれが一つの工夫点です。また日頃からコミュニケーション活動を少しずつ取り入れていきました。

上村　グループ編成から始まって，最後はどんな子とでも話せるようになる。見方を変えれば，学校教育のなかで英語科が率先してやってかなければいけないことなんだろうなと思っています。先生がおっしゃったこと，まさに具体だなと思います。

生徒がもっと主役になる授業をめざして

◆　活動の振り返りを通して育てたいもの

上村　意図をもって生徒に委ねるのを繰り返していくことが，結構大事なんだろうなと思います。でも活動を丸投げすると，生徒たちは何を話せばいいのか，教員も何をアドバイスすればいいのかとなってしまうこともありますよね。和田先生の学校は1コマ100分ですよね。どれくらいの時間を生徒に預けますか？

和田　40分くらいです。総括的評価と同じかたちの練習を丸ごとさせる時間や，そのミニバージョンをさせる時間を，たっぷり取ります。そのときはなるべく気配を消すようなイメージで，個別のサポートに回ります。ある程度のインストラクションを出したあとには，じゃあやってごらんで取り組ませる。生徒が取り組んだあとに適切な形成的評価を与えたり，生徒同士でお互いの活動，いわゆるピアでの形成的評価の時間を取っていくことがポイントかと思います。それをすると，教えることがあんまりなくなっていきます。

上村　その考え方はすごいですね。

和田　私がああだこうだ言うより，だんだんと「みんないいよ，その調子」と言うだけでよくなります。そういう場面をつくるようにしていると，生徒同士で的を射たフィードバックをし始めるのです。するとパフォーマンスが上がっていき，「知識・技能」で時間を埋め尽くす必要もなくなる，逆にそれをやっても意味がない，そんな感じになっていきますね。

　よく生徒に言うのですが，例えば子どもに野球を教えるときも，最低限の，危なくならないためのことを身に付けたら，じゃあやってごらんとなりますよね。失敗を経験して何がいけなかったか，何ができなかったか，振り返る時間がいちばん大事だと思います。個人差はありますが，みんながこのレベルまで来てねというよりは，いまよりよくなるために何をするかみたいな感じで，個人のプログレスを重視するようにしていると，その子なりに振り返って次よくなろうとしている部分が見えてきます。生徒がどうしても気が付かない部分は，一応アドバイスはしてあげる。そういう感じですね。

上村　聞きたいときに聞かせるように言葉を入れる教師の構えとか，生徒たちが自分のパフォーマンスをモニターできるような状況にしてあげるのが，究極的な自己調整の支援だと思います。でもそれって最初からはできなくて，教師にも生徒にも経験値が要るんだろうなというのは，すごく思いますね。

◆　「こうするともっとよくなる」と自ら気付くことの教育的価値

吉崎　ライティングで生徒たちのピアフィードバックの力を育てたいと思ったことがありましたが，うまくいかなかったんです。生徒たちは，文法的な間違いとかスペルミスを指摘することで終始するんです。読み手意識を育てるピアフィードバックの方法をどう指導すればいいかといまも悩んでいます。

和田　本校の生徒が正確に評価し合えてるかというと，必ずしもそうではないと思います。ルーブリックが最初に示されていれば，教員も生徒も同じルーブリックを見ての評価ができるはずというのが，一つあるんです。また，ピアフィードバックを続けていると，教員がこれができていないなと思いながら見ていたとしても，もっと高いレベルのフィードバックで，「ここをもっとこうやったほうがいい」みたいなことを言う子が出てくるんです。こうするともっとよくなると生徒が考えること自体に，生徒の可能性が広がる部分があると感じます。

河野　最初からピアフィードバックはむずかしいと感じていて，まずは自分たちの姿を実際に自分の目で見てみることで，気付かせて表現力を高めるように工夫しています。班ごとにタブレット型端末で動画を撮って，15分間の英語の話し合いを，あとで生徒たちが自由に動画で見るというようなことで，自分たちでこの表現足りなかったなとか，気付かせるようにしています。それとリテラチャー・サークルする前に，前回の話し合いの様子でよかったグループの一部分だけ，1，2分程度なのですが，上手にやり取りができていたとか，話し合いができていたのを動画で見せるだけで，すごくレベルが変わります。

上村　いろんな授業の経験をしてる生徒ほど，見る視点は多いと思います。それを経験した生徒たちが次の授業になったときに，もう知ってることをどんどんと生徒たち同士で指摘し合える。その繰り返しが必要かと思うのと，生徒同士がよい姿で学び合うことは，教師が言うよりも，倍の効果あるなって思います。

◆　コミュニケーションとしての評価──評価の観点で授業を見直す

上村　きょうお聞きしたなかで，英語の本質はやはり言葉を学ぶことであり，コミュニケーションって何なんだろうということを改めて思いました。いっぽうでどうしてもむずかしいと思うのが，評価となると点数やABCを付ける必要があることです。先生方や友達とのコミュニケーショ

ンを楽しむ過程を通して，生徒一人一人の学習の実現状況をＡ評価に近づけてあげることが，これからさらに大事なんじゃないかと思います。

　今回いろいろなお話をうかがっていくなかで，学習評価は教師が教えたことの定着度のチェックだけじゃないっていう。生徒たちが純粋に英語を使ったパフォーマンスとか，やり取りを楽しめるようにチェックを入れていくというのは，フィードバックという言葉のほうが当てはまるかな。友達同士の相互評価も。教師がそういう意識をもつことで生徒たちの純粋なコミュニケーションが豊かになっていくんじゃないかなっていうのは，お聞きしてすごく思いました。

中島　評価だと，どうしても正しくしようとしちゃう。

上村　そうです。教師も正しくなろうとするし，生徒たちも正しく点を取ろうとする。正確な評価を出そうとすると，お互いに本音が出てこない。本音を言い合えることが，真のコミュニケーションなわけじゃないですか。

中島　ですね。だからこそむずかしい部分だと思います。私自身は評価の観点を，「「知識・技能」を身に付けさせていますか？　「思考・判断・表現」をさせていますか？」などと授業を見直す観点でもあると受け止めています。そういう授業をしていない限りこの３観点では評価できませんよ，指導と評価が一体化しませんよというメッセージとして，自分に言い聞かせています。

上村　そういうことですね。いざ評価しようというときに，「まずい，「知識・技能」しかやってない……」とならないようにしないと。

中島　逆に言語活動だけしていたら，「知識・技能」を評価できません。ただし，授業は生徒に「身に付けさせること」を保障するべきで，例えばどこの誰かもわからない「太郎さんが公園で遊んでいました」という英文を練習するのが，身に付けさせたい「知識・技能」ではないと思います。生徒と教科書の登場人物とを関連付けたり，身近な話題を本当の人物で取り上げたりしていき，生徒にとって意味のある文や言葉を用いて，コミュニケーションの「目的や場面，状況」を備えたリアルなプラクティスをさせていくことが必要です。

◆　英語科教員として成長し続けるために

上村　最後に，先生が大事にしていること，未来に向けての目標など，私たちと同じ英語教員の読者に向けて，お一人ずつメッセージをいただけますか。

私は，生徒が相手の表現に興味をもち，コミュニケーションに積極的に参加したいと思える授業をつくっていきます。授業に参加することで，生徒たちが英語を学ぶ意味を実感できるようにしていきたいなと思います。

吉崎　私も，生徒が主役の授業をつくっていきます。英語を使って自分を表現できて，それが楽しいなと思える環境づくりをしていくことが，卒業後も自分で英語を勉強しようかなと思える原動力になるんじゃないかなと思います。

河野　私が教員になりたいと思ったのは，自分が感動する授業を受けて，教えることはこんなに人に影響力を与え，人の心を動かす素晴らしい仕事なんだと感じたことがきっかけです。感動，わくわく，いきいき。生徒たちの輝く笑顔が見える授業をしていきます。

和田　生徒の心が豊かになる授業をつくるには，教員も心が豊かでないといけないと思います。生徒の顔がきらりと輝く瞬間を見る余裕すらなければ，教員が生徒の心を豊かにできるわけもありません。心に余裕をもち，そういう場面をたくさんつくっていきます。

中島　いつもフレキシブルでいること。それが最終的にいちばん生徒たちのためであると思います。生徒たちにとって何がベストか，その場，その時代に応じて判断していき，そのうえで，「やっぱり自分の言葉で伝えるのは楽しいよ」と伝えていきたいと思っています。（了）

（収録は2023年3月29, 31日，オンラインにて。文責は編集部）

（出典：国立教育政策研究所教育課程研究センター（2020）.「指導と評価の一体化」のための学習評価に関する参考資料【中学校外国語】, 32-34.）

1　領域別の目標

	知識及び技能	思考力，判断力，表現力等	学びに向かう力，人間性等
聞くこと	ア　はっきりと話されれば，日常的な話題について，必要な情報を聞き取ることができるようにする。 イ　はっきりと話されれば，日常的な話題について，話の概要を捉えることができるようにする。 ウ　はっきりと話されれば，社会的な話題について，短い説明の要点を捉えることができるようにする。		
読むこと	ア　日常的な話題について，簡単な語句や文で書かれたものから必要な情報を読み取ることができるようにする。 イ　日常的な話題について，簡単な語句や文で書かれた短い文章の概要を捉えることができるようにする。 ウ　社会的な話題について，簡単な語句や文で書かれた短い文章の要点を捉えることができるようにする。		
話すこと［やり取り］	ア　関心のある事柄について，簡単な語句や文を用いて即興で伝え合うことができるようにする。 イ　日常的な話題について，事実や自分の考え，気持ちなどを整理し，簡単な語句や文を用いて伝えたり，相手からの質問に答えたりすることができるようにする。 ウ　社会的な話題に関して聞いたり読んだりしたことについて，考えたことや感じたこと，その理由などを，簡単な語句や文を用いて述べ合うことができるようにする。		
話すこと［発表］	ア　関心のある事柄について，簡単な語句や文を用いて即興で話すことができるようにする。 イ　日常的な話題について，事実や自分の考え，気持ちなどを整理し，簡単な語句や文を用いてまとまりのある内容を話すことができるようにする。 ウ　社会的な話題に関して聞いたり読んだりしたことについて，考えたことや感じたこと，その理由などを，簡単な語句や文を用いて話すことができるようにする。		
書くこと	ア　関心のある事柄について，簡単な語句や文を用いて正確に書くことができるようにする。 イ　日常的な話題について，事実や自分の考え，気持ちなどを整理し，簡単な語句や文を用いてまとまりのある文章を書くことができるようにする。 ウ　社会的な話題に関して聞いたり読んだりしたことについて，考えたことや感じたこと，その理由などを，簡単な語句や文を用いて書くことができるようにする。		

2　内容のまとまりごとの評価規準（例）

	知識・技能	思考・判断・表現	主体的に学習に取り組む態度
聞くこと	［知識］ 英語の特徴やきまりに関する事項を理解している。 ［技能］ 実際のコミュニケーションにおいて，日常的な話題や社会的な話題について，はっきりと話された文章等を聞いて，その内容を捉える技能を身に付けている。	コミュニケーションを行う目的や場面，状況などに応じて，日常的な話題や社会的な話題についてはっきりと話される文章を聞いて，必要な情報や概要，要点を捉えている。	外国語の背景にある文化に対する理解を深め，話し手に配慮しながら，主体的に英語で話されることを聞こうとしている。
読むこと	［知識］ 英語の特徴やきまりに関する事項を理解している。 ［技能］ 実際のコミュニケーションにおいて，日常的な話題や社会的な話題について書かれた短い文章等を読んで，その内容を捉える技能を身に付けている。	コミュニケーションを行う目的や場面，状況などに応じて，日常的な話題や社会的な話題について書かれた短い文章を読んで，必要な情報や概要，要点を捉えている。	外国語の背景にある文化に対する理解を深め，書き手に配慮しながら，主体的に英語で書かれたことを読もうとしている。
話すこと［やり取り］	［知識］ 英語の特徴やきまりに関する事項を理解している。 ［技能］ 実際のコミュニケーションにおいて，日常的な話題や社会的な話題について，事実や自分の考え，気持ちなどを，簡単な語句や文を用いて伝え合う技能を身に付けている。	コミュニケーションを行う目的や場面，状況などに応じて，日常的な話題や社会的な話題について，事実や自分の考え，気持ちなどを，簡単な語句や文を用いて，伝え合っている。	外国語の背景にある文化に対する理解を深め，聞き手，話し手に配慮しながら，主体的に英語を用いて伝え合おうとしている。
話すこと［発表］	［知識］ 英語の特徴やきまりに関する事項を理解している。 ［技能］ 実際のコミュニケーションにおいて，日常的な話題や社会的な話題などについて，事実や自分の考え，気持ちなどを，簡単な語句や文を用いて話す技能を身に付けている。	コミュニケーションを行う目的や場面，状況などに応じて，日常的な話題や社会的な話題について，事実や自分の考え，気持ちなどを，簡単な語句や文を用いて，話している。	外国語の背景にある文化に対する理解を深め，聞き手に配慮しながら，主体的に英語を用いて話そうとしている。
書くこと	［知識］ 英語の特徴やきまりに関する事項を理解している。 ［技能］ 実際のコミュニケーションにおいて，日常的な話題や社会的な話題などについて，事実や自分の考え，気持ちなどを，簡単な語句や文を用いて，またはそれらを正確に用いて書く技能を身に付けている。	コミュニケーションを行う目的や場面，状況などに応じて，日常的な話題や社会的な話題などについて，事実や自分の考え，気持ちなどを，簡単な語句や文を用いて，書いている。	外国語の背景にある文化に対する理解を深め，聞き手，読み手，話し手，書き手に配慮しながら，主体的に英語を用いて書こうとしている。

187

引用・参考文献

第1章

Anderson, L. W. & Krathwohl, D. R. eds.（2001）. A Taxonomy for Learning, Teaching, and Assessing: A Revision of Bloom's Taxonomy of Educational Objectives, Addison Wesley Longman.

石井英真（2012）. 学力向上. 篠原清昭編著. 学校改善マネジメント. ミネルヴァ書房.

石井英真（2015）. 今求められる学力と学びとは. 日本標準.

石井英真（2019）. 新指導要録の提起する学習評価改革. 石井英真・西岡加名恵・田中耕治編著. 小学校指導要録改訂のポイント. 日本標準.

石井英真（2020a）. 再増補版・現代アメリカにおける学力形成論の展開. 東信堂.

石井英真（2020b）. 授業づくりの深め方. ミネルヴァ書房.

石井英真（2023）. 中学校・高等学校 授業が変わる 学習評価深化論. 図書文化.

石井英真・鈴木秀幸編著（2021）. ヤマ場をおさえる学習評価・中学校. 図書文化.

Erickson, H. L.（2008）. Stirring the head, Heart, and Soul, 3rd Ed., Corwin Press. 31.

西岡加名恵編著（2008）.「逆向き設計」で確かな学力を保障する. 明治図書出版.

McTighe, J. & Wiggins, G.（2004）. Understanding by Design: Professional Development Workbook, ASCD. 65.

Marzano, R. J.（1992）. A Different Kind of Classroom: Teaching with Dimensions of Learning, ASCD. 16.

文部科学省中央教育審議会初等中等教育分科会教育課程部会（2019）. 学習評価の在り方について（報告）（平成31年1月21日）.

第2章

安宅いずみ・松沢伸二（2016）. まとまりのある文章を書く力の指導と評価の改善——ジャンルと学習・練習・評価タスクを用いて——. 関東甲信越英語教育学会誌, 30, 167-180.

石井英真（2020）. 授業づくりの深め方. ミネルヴァ書房.

石井英真（2021）. そもそも学習評価とは何か. 石井英真・鈴木秀幸編著. ヤマ場をおさえる学習評価・中学校. 図書文化. 10.

Oxford University Press（n.d.）. *The Key to Self-Regulated Learning*.

オックスフォード, R. L.（宍戸通庸・伴紀子訳）（1994）. 言語学習ストラテジー. 凡人社.

上村慎吾（2021）. 外国語の評価. 石井英真・鈴木秀幸編著. ヤマ場をおさえる学習評価・中学校. 図書文化. 96-99.

Cambridge University Press（2019）. *Cambridge Life Competencies Framework Learning to Learn*. https://languageresearch.cambridge.org/images/Language_Research/CamFLiC/CLCF_Learning_to_Learn.pdf. 最終アクセス2023年7月1日.

国立教育政策研究所（2019）. 学習評価の在り方ハンドブック【小・中学校編】.

国立教育政策研究所（2020）.「指導と評価の一体化」のための学習評価に関する参考資料【中学校外国語】.

大学英語教育学会学習ストラテジー研究会（2006）. 英語教師のための「学習ストラテジー」ハンドブック. 大修館書店.

Harlen, W. & Winter, J.（2004）. The development of assessment for learning: Learning from the case of science and mathematics. *Language Testing*, 21（3）, 390-408.

Hyland, K.（2003）. *Second Language Writing*. Cambridge University Press.

Hyland, K.（2004）. *Genre and Second Language Writing*: The University of Michigan Press.

松沢伸二（2002）. 英語教師のための新しい評価法. 大修館書店.

松沢伸二（2021）. 働き方改革に資する新評価法の在り方. 語研ジャーナル, 20, 15-22.

文部科学省（2019）. 小学校, 中学校, 高等学校及び特別支援学校等における児童生徒の学習評価及び指導要録の改善等について（通知）（30文科初第1845号）（平成31年3月29日）.

第3章（聞くこと）

石井英真・鈴木秀幸編著（2021）．ヤマ場をおさえる学習評価・中学校．図書文化．

金子朝子・松浦伸和編著（2017）．中学校新学習指導要領の展開【平成29年版外国語編】．明治図書出版．

国立教育政策研究所教育課程研究センター（2020）．「指導と評価の一体化」のための学習評価に関する参考資料【中学校外国語】．

本多敏幸（2020）．【中学校外国語】新3観点の学習評価完全ガイドブック．明治図書出版．

文部科学省（2018）．中学校学習指導要領（平成29年告示）解説【外国語編】．

第4章（読むこと）

河野圭美（2017）．自律的学習者が育つ英語授業——インタラクティブなリーディング指導を通して——．愛媛大学教育学部附属中学校研究紀要, 70, 152-157.

立松大祐（2016）．リテラチャー・サークルを取り入れたアクティブ・ラーニング型授業の検討．四国英語教育学会紀要, 36, 17-27.

立松大祐（2016）．リテラチャー・サークルを取り入れた授業改善の試み——アクティブ・ラーニング型授業の指導事例——．愛媛大学教育学部紀要, 63, 93-102.

立松大祐（2017）．アメリカのリテラチャー・サークル指導事例——EFL教室での指導に向けた示唆——．愛媛大学教育学部紀要, 64, 69-79.

田中武夫・島田勝正・紺渡弘幸編著（2011）．推論発問を取り入れた英語リーディング指導．三省堂．

デイ, J. P., シュピーゲル, D. L., マクレラン, J, ブラウン, V. B.（山本隆春訳）（2013）．本を読んで語り合うリテラチャー・サークル実践入門．嗓水社．

文部科学省（2018）．中学校学習指導要領（平成29年告示）解説【外国語編】．

リテラチャー・サークル研究会ホームページ. http://lcrc.ed.ehime-u.ac.jp. 最終アクセス2023年7月11日.

あとがき

　「生徒たちの目は本気だったでしょうか？」「生徒たちは本当にその活動をしたかったのでしょうか？」「先生は授業で生徒たちの何を見ていましたか？」これまでに多くの方々から投げかけていただいた，指導や授業の本質に立ち返って考えるきっかけとなった言葉を，いつも大事にしている。

　公立中学校の勤務5年を経て，新潟大学附属新潟中学校に8年間勤務した。この期間，「生徒を見る力」が高まれば高まるほど，教科の学習を通した「生徒の人としての成長」を見取り，励ますことにつながると考えるようになった。いっぽうで授業公開や実践発表の機会が増えるに連れて，いつしか流行の教育理論やICT機器などに囚われながら授業を作る力（創るではない）ばかり身に付けるようになっていたように思う。そんな折に石井英真先生からある指導会の場面で，「研究主任として，流行りの言葉を追った見せかけの研究になっていませんか？　生徒が夢中になって授業に取り組み，生徒が人として成長するような授業研究が大切ではないですか？」と指導いただき，自分自身を深く振り返るきっかけとなった。授業研究の本質を見失っていた自分を取り戻した経験は，一生の財産になっている。

　学習評価は生徒の「見える力」を中心に評価せざるを得ないが，「生徒の人としての成長」を支えるものは「見える力」に限らない。そうした「見えにくい力」ともいうべき，生徒たちの「学びに向かう力，人間性等」の成長に，3年間かけて直接的に向き合うことは，私たち中学校教員のやりがいである。このことを，恩師である松沢伸二先生（現・新潟大学名誉教授）より，大学時代から教わっている。本書では，松沢先生の英語教育の理論を基に，現場で実践できる英語科の学習評価を提案している。今回の執筆に際しても松沢先生からご指導いただいたことに，感謝の気持ちでいっぱいである。

　本書にご寄稿くださった中島真紀子先生，河野圭美先生，吉崎理香先生，和田牧子先生にも，感謝の気持ちでいっぱいである。ご多用のなか，打ち合わせや座談会などにも快くご参加いただいた。英語教育に対する4名の先生方の想い，そして日々の授業を全力で指導されている姿勢から，多くのことを学ばせていただいた。

　本書の刊行にあたって，図書文化社出版部の佐藤達朗氏に多大な尽力をいただいた。私の提案を常に肯定的に受け止め，私自身，執筆が進まず，心が折れそうなときに，佐藤氏は本書の内容を価値付け，何度も勇気付けてくださった。心から御礼申し上げる。

　教師駆け出しの頃から，毎日必死な気持ちで授業を考え，ときに生徒から厳しい言葉を言われ落ち込み，また生徒の成長に感動し，自分自身が成長していく日々……。授業を精一杯創ることを通して，指導力を高めるだけでなく，教師としての人間性を高めること。このような経験を積み重ね，自分なりの学習評価観を磨いてきた。本書が全国の英語教育に携わる先生方，関係者の皆様にとって少しでも一助になれば幸いです。

令和5年7月24日

上村　慎吾

執筆者一覧

（原稿順，所属は 2023 年 6 月時点）

石井　英真　いしい・てるまさ　　シリーズ全体編集，執筆（第 1 章）

京都大学大学院教育学研究科准教授。経歴等は右記（奥付）参照

上村　慎吾　かみむら・しんご　　教科編集，執筆（第 2，7 章），取材協力（補章）

新潟県新潟市立白新中学校教諭。経歴等は右記（奥付）参照

松沢　伸二　まつざわ・しんじ　　編集協力（第 2 章）

新潟大学名誉教授。前新潟大学教育学部言語文化コミュニケーション講座教授。コミュニカティブ・ティーチングの指導法・評価法の理論を英語教育に応用することに取り組んでいる。小中高の先生方の研究や研修を支援するほか，検定教科書の編纂も多数。

中島真紀子　なかじま・まきこ　　執筆（第 3 章），取材協力（補章）

筑波大学附属中学校教諭。専門は教育開発・開発教育。どのようにしたら質の高い教育が貧困国において普及できるのか，さらに先進国の子供たちに対しての国際理解教育についてイギリスの大学院で研究。現在，文教大学国際学研究科にて，第二言語習得論について学び直し，英語教授法を研究している。特に興味をもっているのが「即興的に話すこと」。

河野　圭美　こうの・たまみ　　執筆（第 4 章），取材協力（補章）

愛媛県松山市立久谷中学校教諭。教科書本文の指導において，教師主導の指導から，生徒が主体的に学ぶ指導方法への転換を模索してきた。今から約 6 年前，リテラチャー・サークルと出会う。理想とする英語授業や育てたい生徒の姿が，この言語活動で実現できるかもしれないと思い，試行錯誤を続けながら，リテラチャー・サークルの実践研究を行っている。

吉崎　理香　よしざき・りか　　執筆（第 5 章），取材協力（補章）

富山大学教育学部附属中学校主幹教諭。スピーキング，特にやり取り領域の指導に関心が高い。やり取りの談話分析を通して，効果的な指導法について考えている。意味交渉，Turn Taking, Interaction Strategies の指導，Teacher Talk, 指導者の誤り訂正，やり取りの評価，語用論の分野を中心に実践研究を進めている。

和田　牧子　わだ・まきこ　　執筆（第 6 章），取材協力（補章）

埼玉県さいたま市立大宮国際中等教育学校教諭。教員歴 8 年（令和 5 年度現在）。現任校は 2 校目で 4 年目。前任校が，さいたま市グローバル・スタディのモデル校であったことから，当該カリキュラムの開発，授業実践，カリキュラム改訂版策定等に携わる。IB 認定校である現任校でも，生徒が能動的かつ探究的に学習に取り組むためのカリキュラムづくりに日々奮闘している。

全体編集　石井　英真　いしい・てるまさ

　京都大学大学院教育学研究科准教授。博士（教育学）。専門は教育方法学。学校で育成すべき学力のモデル化を研究し，授業研究を軸にした学校改革に取り組んでいる。日本教育方法学会理事，日本カリキュラム学会理事，文部科学省中央教育審議会「教育課程部会」「児童生徒の学習評価に関するワーキンググループ」委員などを務める。主著に『未来の学校：ポスト・コロナの公教育のリデザイン』（日本標準，2020年），『再増補版・現代アメリカにおける学力形成論の展開』（東信堂，2020年），『授業づくりの深め方：「よい授業」をデザインするための５つのツボ』（ミネルヴァ書房，2020年），『高等学校　真正の学び，授業の深み』（編著，学事出版，2022年），『中学校・高等学校　授業が変わる　学習評価深化論』（図書文化，2023年）ほか多数。

教科編集　上村　慎吾　かみむら・しんご

　新潟県新潟市立白新中学校教諭。三省堂 NEW CROWN 教科書編集協力委員。新潟大学附属新潟中学校の在任中，関東甲信越英語教育学会第38回大会，日本カリキュラム学会第30回大会ほかの研修会等で学習評価に関する実践を発表。英語の実践を紹介した書籍として『ヤマ場をおさえる学習評価　中学校』（分担執筆，図書文化，2021年）がある。

ヤマ場をおさえる
単元設計と評価課題・評価問題 中学校英語

2023年11月30日　初版第１刷発行　［検印省略］

全体編集　　石井英真
教科編集　　上村慎吾
発 行 人　　則岡秀卓
発 行 所　　株式会社　図書文化社
　　　　　　〒112-0012　東京都文京区大塚1-4-15
　　　　　　Tel：03-3943-2511　Fax：03-3943-2519
　　　　　　http://www.toshobunka.co.jp/
本文デザイン・装幀　　スタジオダンク
イラスト　　松永えりか／株式会社 Sun Fuerza
組版・印刷　　株式会社 厚徳社
製　　本　　株式会社 村上製本所